子どもと社会をつなげる!

見方・考え方 を鍛える

社会科授業 デザイン

峯　明秀・唐木清志　編著

明治図書

 # これからの社会に生きる子どもたちに

　台風，高潮，噴火，地震。想定外の自然災害が全国各地で起こっています。経済社会面では，グローバル化の進展の中で，ナショナリズムが強化される矛盾が起きています。他方，IoT や AI の発達は，困難であった問題解決を瞬時に行う可能性を広げ，社会の変革を急速に進めています。このような状況に，社会科はどのように対応できるでしょう。

　筆者（峯）は，長らく事実の詰め込み，暗記社会科の改善を目指して討論やディベート，ICT や学級集団での話し合いを取り入れたアクティブな実践を紹介してきました。それは学習者の価値観の育成や選択・判断を促し，社会への参加に結びつけることはできないかというメッセージを読者に届けたいという願いからです。子どもたちが大人になって，身近なボランティア活動に参加したり，将来，地域を支える職員として災害復興に奔走したり，中には報道にかかわって情報を伝えたりすることに，どのようにつなげていけばよいのかとも思います。それらは成長する中で，子どもたちが見つけていくことで，学校教育で教えるべきではない，そもそも資質・能力の育成と関係ないということなのでしょうか。未来を生きる子どもたちに対する，学校教育の教科としての社会科はどのように考えればよいのでしょう。

　私と共に編著者である唐木清志氏とは，20数年来，選択や判断，社会への参加について，ときどき議論を重ねてきました。唐木氏からすれば，教育活動全体の中で，子どもの成長を支えるのであって，教科を越えた学びこそ本物であると首尾一貫しています。私は，その考えに同意しつつも，では，学校で長く教えられてきた社会諸科学の知識はどこまで必要とされるのかを自問自答してきました。恐らく，社会を知る・わかるということと，行動・参加の間をつなぐのは，体験を通した感情や共感，責任などの情意にかかわる領域でしょう。

　このような考えを研究室で学生と共に，また小学校や中学校の附属学校の先生方や研究会で出会った多くの先生方と話し合ってきました。今回，ご執筆頂く先生方には，私のこれまでの考えや，学会において，価値判断や意思決定，社会参加について提唱されている理論に基づいて実践するのではなく，それらを契機としつつも，日頃の自分自身の問題意識から実践を振り返って，どのように考えるのかを示す形で，ご協力をお願いしました。なぜなら，読者の皆さんがそうであるように，実践者自身は，既に無意図的・意図的に自らが理想とする授業のスタイルをもっているからです。そして，自分自身の授業デザインに取り込めそうないい考えを見つけ，それを自分のものとして再構成して活かすアプロプリエーション（appropriation）をしているからです。

　但し，執筆者の先生方にはできる限り，その学習によって，子どもたちの何がどう変わったのかを，わかる形でお願いしました。それは，到底できそうにない，計画だけの実践書でなく，本書で提案する考えや実践から着想のヒントを得て，読者の皆さんに，さらに進化した授業をデザインして頂くことを期待するからです。

　（本研究は JSPS 科研費 JP16K04684 の助成を受けたものです。）

峯　明秀

第3章　「見方・考え方」を鍛える 社会科授業デザイン　中学校編

第1章

子どもと社会をつなげる！
深い学びを実現する授業デザイン

① 自分は社会にどのようにかかわるのか

　2019年6月，G20「金融・世界経済に関する首脳会合」サミットが大阪で開催されました。世界のGDPの8割以上を占める国や国際機関の代表が経済社会に大きな影響を与える様々な問題について議論しました。安定的かつ持続可能な社会の実現に向けて，協力していくことが目指されています。参加国が置かれている状況はそれぞれ異なり，問題は複雑に絡んでいます。そして，グローバル化が深化する中で，気候変動やエネルギー問題，移民や難民，保健，貿易問題など地球規模の課題にそれぞれの責任において取り組まなければならないことを示しています。

　皆さんは，個人として社会の一員として，話し合われている問題をどのように受け止め，どのような行動をしようとしているのでしょう。

　学校教育，とくに社会科では，「自分が社会にどのようにかかわるのか」をどう扱ってきたのでしょうか。例えば，迷惑施設等の建設，就労や雇用，福祉と財政，国際社会の平和や安全，環境など時事的な話題や社会問題として表面化し論争されている問題について，考えを深める学習が行われてきたことと思います。しかし，社会のしくみや構造上の問題に，学んだことが"いつか役に立つ"としてしまうのでは，その時が来るまでに，思いや願い，感動や体験したことなど本当に大切なことを忘れてしまうのではないでしょうか。切実感をもって考えることは，自分は社会にどのようにかかわるのかを問う意欲と動機を高め，自分自身にとっての問題解決のための社会の「見方・考え方」をつくることにほかならないのです。そのためにどのように授業をデザインすればよいのか，次の観点から掘り下げてみましょう。

・「見方・考え方」を鍛える教材づくりの視点
・「主体的・対話的で深い学び」を実現する学習過程
・選択・判断，参加をどう誘うか（体験，専門家）
・「子どもの育ち」をとらえる評価の工夫

② 「見方・考え方」を鍛える教材づくりの視点

　問題は，「問題」と見なされて，初めて問題になることに気づくことが大切です。例えば，強い毒性をもち健康被害をもたらすダイオキシンは汚染物質として，今は厳しく監視されています。それは21世紀直前の1999年に「ダイオキシン類対策特別措置法」が成立してからのことになります。しかし，1990年代は，ベトナム戦争で使われた枯葉剤がときおり新聞社説で取り上げられたり，遡る1980年には，科学者によってゴミ焼却炉や廃棄物処理によるダイオキシンの危険性が指摘されていたりしました。つまり，「問題」が発見され，何かをきっかけに，人々に広く周知され顕在化したところで，問題への対応が始まるのです。「問題」の発見は容易でなく，発見者は科学の専門家やマスコミであることが多く，だれもがすぐにできるとは限らないでしょう。しかし問題を敏感に感じ取り，人々に知らせ，一緒に考えることに教育の役割があるのではないでしょうか。アンテナを高くし日々研鑽している授業者は，さまざまなジャンルの読書を行い，研究者と交流し，自らが向き合う学習者が考えるに値する問題を，教材（ネタ）として常に探していることでしょう。教材づくりの第一歩は，授業者自身が，社会をどのように見て，考えるのかということです。

　図1は問題の分類です。横軸は個人と集団のいずれにとっての問題なのか，縦軸は問題の顕在化の度合いを示しています。この分類からすれば，第Ⅰ象限には安全保障や社会保障，憲法改正，環境や紛争，平和の問題など国や国際社会にかかわる問題があげられます。

　第Ⅱ象限には，個人的な私人間の争い，土地の境界線や隣家の騒音問題，そして，コミュニティーの公園の利用の仕方，各地

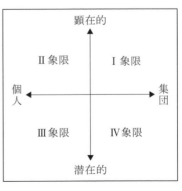

図1　問題の分類

方自治体の財政の使いみちなど。また，それぞれの立場によって，若者の就労問題，育児家庭の保育所の待機問題などは，集団の規模に応じて，第Ⅰ象限に近づく問題となります。第Ⅲ・Ⅳ象限は，まだ顕在化していない問題や社会のタブー（taboo）とされていた問題があげられます。Ⅲ象限には，当事者としての犯罪被害や貧困，第Ⅳ象限にはまだ顕在化していない人権や宗教・政治上の問題が含まれるでしょう。従来，どちらかといえば，授業の中で第Ⅰ象限の問題が取りあげられていたのではないでしょうか。そして，結論はさまざまな立場を踏まえ，「考え続けなければならない」「困難な問題に向き合わなければならない」というまとめ方で終わっていたのではないでしょうか。しかし，本当は第Ⅱ象限，さらに第Ⅲ・Ⅳ象限の問題こそ，当事者にとって切実で，すぐに解決して欲しい問題なのです。授業者が目前の学習者の状況に寄り添い，第Ⅱ・Ⅲ・Ⅳ象限に位置する問題を，どのように取り上げ，掘り下げるのか，選択・判断し，内容構成と展開計画を立てることが，教材研究といえるでしょう。例えば，「すべて国民は，健康で文化的な最低限度の生活を営む権利を有する」と憲法25条で生存権が保障されています。学級の中には経済的に恵まれない子どもがいます。彼ら彼女らを目の前に学習者の発達や理解の程度を配慮することは当然のこととして，貧困のリアルな実態にどのように切り込めばよいのでしょう。高齢者や病気，子どもを抱え働きたくても働けない人々，解雇・失業，それぞれの状況に対する福祉や医療など，現実社会の奥深いさまざまな問題点から現行の制度の限界，社会の現実が見える資料や教材研究が必要となるかもしれません。貧困は，きれい事，他人事で済まされない自分自身の問題としてどれだけ迫れるかによって，学びの深さが決まってくるのではないでしょうか。問題をとらえる社会のしくみや構造の全体的・一般的な見方・考え方，個人・集団・社会の価値観や制度，将来の社会の在り方を問うた議論すべき内容（ネタ）こそ教材研究に値するのでしょう。次節では，それをどのような学習過程で実現するのかについて話を進めましょう。

③ 「主体的・対話的で深い学び」を実現する学習過程

　「問題」は顕在化されない限り，問題になりません。学校現場で目にする授業の組み立てを追うと，教師自身の価値観から問題としてとらえた考えの押し付けや，単に社会的に論争されている資料を提示したり，討論・ディベートを取り入れたりしただけの学習形態の工夫，そして行動や社会参加を直接・間接的に誘導するものが少なくありません。随分前に，価値にかかわる授業をどのように構成すればよいかについて示したことがあります（『社会科教育』No.395，明治図書，1994，92〜98頁）。

　価値的知識（「〜はよい」「〜は悪い」「〜すべきだ」「〜すべきでない」という言明を含む命題）を扱った学習として，「価値観形成学習」「新しい問題解決学習」「提案する社会科」「意思決定学習」をなどの授業論があるのですが，（1）目標，（2）方法原理，（3）授業構成（①教材，②授業過程の組織）を分析してまとめたものを提出しています。紙幅の都合で，詳細を示すことができませんが，各授業論の目標，育成しようとする能力を比較すると，授業で習得される価値的知識が個人的価値と社会的価値のどちらを直接的に追求することになっているのかに違いが見られます。それは，社会参加と態度形成をどのように位置づけているかに関係しています。価値観形成授業や新しい問題解決学習は，最終的に価値観形成をねらい，各自の態度形成を含めて社会的な参加・行動を目指すものになっています。それに対して，提案する社会科や意思決定学習は直接的な態度形成を排除し，認知面に限定することで，個人的価値の追求よりはむしろ，社会的価値は何かを探求するものになっています。提案する社会科と意思決定学習の授業過程では，事実的な知識にかかわる概念探究過程と価値的知識にかかわる価値追求過程の位置づけに違いが見られます。表1は，A：価値観形成型（子ども自身の個人的価値が直接的に追求される），B：社会的価値追求型（個人的価値は間接的に追求される）〔a：仮説的推論アプローチ（概念探究⇔価値追求），b：演繹的推論アプローチ（概念探究→価値追求）〕の分類を用いたものです。

分類	A（価値観形成型）		B（社会的価値追求型）	
			a	b
分析項目 ＼ 学習名	価値観形成学習	新しい問題解決学習	提案する社会科	意思決定学習
目標とされる価値の質 P個人的価値（Personal） S社会的価値（Social）	P (S)	P (S)	(P) S	(P) S
態度形成 D直接（Direct） I間接（Indirect）	D	D	I	I
授業構成 C概念探究（Concept）と V価値追求（Value）の関係	V	C，V 並行	C⇔V 往復	C→V 連続

表1　価値認識形成と学習の分類（筆者作成）

　Aの特徴は個人的な価値観とすでに社会で認められている価値規範との調整をどのようにしていくか，自分自身で判断し，行動につなげることができます。例えば，世界各地で起こる飢饉を扱った授業では，話し合いや討論の末に援助活動としての募金が行われることもあります。また，環境保護のために空き缶集めをして寄付をするなどの実践がなされます。考慮すべき点は，それは初めから「援助は善である」「寄付は美徳である」という暗黙の前提のうちに行われているということです。しかし，例えば生命尊重における「一人を救うためには大勢が犠牲になってよいか」という命題では必ずしも善とされる答えが見つからないことが指摘できるでしょう。つまり，価値と価値が対立するような内容では，価値の序列化をすることがとても困難であり，早急な行動は避けたほうがよいといえるかもしれません。

　Bの特徴は社会的な価値は何かを探ることを通して，間接的に自らの価

値判断を吟味することです。価値判断の根拠となる事実的知識を吟味し合いながら，論証や説得を行います。授業過程としてはa，bがあり，aは思いもつかなかったような事実的知識を持ち出すことができ，bは現時点で広く認められているような事実的知識に基づくことができます。問題点としては，aは自分にとって都合のよいものだけを選択したり，自分の考えに有利になるように理由づけたりすることが考えられます。bは今まで発見されていなかったような新たな見方や考え方に結び付くような予見がせばめられることが指摘できるでしょう。先述のダイオキシンのように，現在の科学で証明できる安全性の基準は，将来，どのような影響を生態系に与えるかは予測不可能なことがあげられるでしょう。

　また，当事者にとってはとても重大なことだけれども，他の大勢にとってはささいなこともあるでしょう。何を基準に内容を選択し，展開すればよいか悩むところです。ただし，心情への共感や願い・価値の究明と原因の探究をつなげることは効果的でしょう。その上で，行動や社会への参加を自分自身で選択する余地を残しておくことです。援助を例にすれば，アフリカへの援助は，日本の経済的・物質的な豊かさがあってはじめてできることであって，先進国と開発途上国という南北間の経済・社会システムの問題だととらえれば，現在の日本のあり方を突き詰めて問うていかなければならなくなるはずです。かわいそうだから……というレベルを超えないうちは早急な行動はかえって，ある立場に偏ってしまう危険性があることを学習者自身が理解していることが必要です。

　他方，社会に対して，提案をするには，ある程度の予備知識をもっていなければならず，その提案を吟味するためにも証拠となる知識が必要となります。自分に都合のよい説得のしかたをどう回避し，現実と空想との間をどのように埋めればよいのかも考慮しておくことが必要でしょう。逆に，例えば，ある研究施設の建設をめぐって意見が対立した場合，安全性の証拠として提出される事実は現時点のものであって将来を保障するものには成り得ません。仮にその施設が合理的な決断によってつくられることになっても，それが人

間の将来において本当によいのか悪いのかの判断はだれにもわからないことではないでしょうか。今ある事実を探究することと，将来的に意味のある価値は何かを判断することは，やはり別なのでしょう。子どもの発達段階を考えるとき，選択や判断を可能にする奥の深い探究（専門家による検討レベルまで）がどこまで可能なのか悩みどころです。では，どのように選択・判断，参加を誘えばよいのでしょう。

4 選択・判断，参加をどう誘うか（体験，専門家）

　選択・判断を学習の中に取り入れた授業として，今でこそ，日本のどの地域でも外国からの観光客や移住者は珍しくなくなってきましたが，かなり前に外国人労働者問題を考える実践を紹介したことがあります。授業は，問題解決に価値判断が重要な意味をもつ社会問題を教材にして，Ⅰ価値を含む問題への気付き，Ⅱ仮説的な価値判断とその理由づけ，Ⅲ事実の因果関係の追求，価値判断の反省的吟味，Ⅳ吟味された自らの価値判断の形成で構成しました。第Ⅰ段階は，社会の「事実」に気づき，問題に対する追求への意欲化を図る場面です。１時間の授業や単元全体の導入部にあたり，日常生活の中で，どのような問題として認識されているかを確認します。学習者が「事実」や問題をどのくらい具体的にイメージできるかが鍵になるでしょう。第Ⅱ段階は，問題に対する解決策を日常生活の中から仮説的に導き，学級集団の場に提出します。なぜ，そのような提案ができるのか，証拠を示しながら理由づける技能の育成をねらいます。例えば，トゥールミンの論証モデルを利用して，論理構造を分析させることが考えられるでしょう[*1]。

　第Ⅲ段階は，問題になる「事実」の背後にある問題について，なぜそのような問題が起こったのかを深く追究していきます。資料や証拠の分析や解釈のための技能を鍛えることが重要です。また，選択場面において，具体的な（政策）内容を示させることも必要でしょう。チェックポイントとしては，その決定は，どのレベルに影響を与えるか（個人，企業，国家），どのような影響があらわれると予想されるか，決定への参加者はだれか，どのような

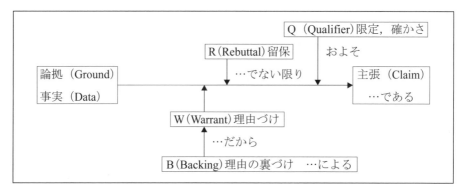

図2　トゥールミンの論証モデルより（筆者作成）

段階の選択があるか，どの程度の確実性をもっているかなどを示しておくのもよいでしょう。

　そして，第Ⅳ段階として，あらためて自らの価値判断を振り返って，考えを構成しなおすというものです。私は，この授業の資料としてソーサリーブックという今のロールプレイングゲームの攻略本のようなものを用意しました（図3）※。よく聞く話に，総論は賛成，でも各論は反対ということがあります。外国人労働者の受け入れ問題についても，受け入れるべきか，受け入れるべきでないかという二分法の議論では，往々にして空中戦になります。さまざまな問題場面に応じて，例えば，外国人労働者の人権侵害の問題，日本の労働者の権利，文化の違いから起こる住民トラブル，国際社会の中での日本の立場，貢献など個々の問題を整理し，それぞれの問題を掘り下げて具体的に考えられるようにすることが必要でしょう。また，自ら見学・調査・体験したり，専門家から直接話を聞いたりすることなども考えを深める上で貴重な手がかりとなるでしょう。この実践が入管法改正の動きの中で新たな実践として使えそうな背景には，問題にはＡ：未来型問題，とＢ：復元型問題があり，その解決過程の違いに注意を払っていたことにあります（図4）*2。

　Ａは，「①将来の夢を描く→②環境分析を通して，世の中の変化を見つけ

る→③原理・原則から，論理的にあるべき姿を考える解決過程を辿る」のに対し，Bは，現状を把握し，「①問題提起→②情報収集→③問題の評価・選択→④課題の設定→⑤解決案の立案・評価・選択・実施」という違いです。

※例えば，問題を下位に深く掘り下げて追究できる探索用の教材（ソーサリーブック）を開発使用することが考えられる。

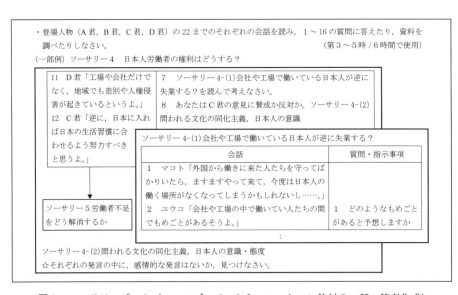

・登場人物（A君，B君，C君，D君）の22までのそれぞれの会話を読み，1〜16の質問に答えたり，資料を調べたりしなさい。　　　　　　　　　　　　　　　　　　　　　　　（第3〜5時／6時間で使用）

（一部例）ソーサリー4　日本人労働者の権利はどうする？

11　D君「工場や会社だけでなく，地域でも差別や人権侵害が起きているというよ。」

12　C君「逆に，日本に入れば日本の生活習慣に合わせるよう努力すべきと思うよ。」

7　ソーサリー4-(1)会社や工場で働いている日本人が逆に失業する？を読んで考えなさい。

8　あなたはC君の意見に賛成か反対か。ソーサリー4-(2)問われる文化の同化主義，日本人の意識

ソーサリー5　労働者不足をどう解消するか

ソーサリー4-(1)会社や工場で働いている日本人が逆に失業する？

会話	質問・指示事項
1　マコト「外国から働きに来た人たちを守ってばかりいたら，ますますやって来て，今度は日本人の働く場所がなくなってしまうかもしれないし……。」 2　ユウコ「会社や工場の中で働いてい人たちの間でもめごとがあるそうよ。」 ：	1　どのようなもめごとがあると予想しますか

ソーサリー4-(2)問われる文化の同化主義，日本人の意識・態度
☆それぞれの発言の中に，感情的な発言はないか，見つけなさい。

図3　ソーサリーブック（ロールプレイ・シミュレーション教材の一部，筆者作成）

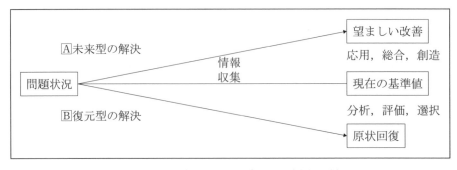

図4　問題解決の2つのアプローチ（筆者作成）

⑤ 「子どもの育ち」をとらえる評価の工夫

　さて，ここまで述べてきた授業の形は，授業で取り上げる問題，それ自体の直接的な解決を子ども自身に求めているわけではありません。授業で唯一保証できることは，子どもたち自身で発見することが困難な社会問題に気づくこと，そして自分自身の価値の選好や判断の過程を意識するということにほかなりません。授業者は子どもたちより，やや多くの情報や知識をもったファシリテーターとしての役割を果たすことになるでしょう。子どもたちは授業を通して，日々の生活における場面や，時々の状況によって迷い揺らぐような価値判断から信念といえるような価値観まで，自らが拠り所にしている価値に気付くことになるでしょう。では，個人の内面の変化をどのように評価すればよいのでしょうか。

　今回の学習指導要領が目指す資質・能力の育成にかかわる「主体的・対話的で深い学び」視点からの評価では，Ａ「知識・技能」，Ｂ「思考・判断・表現」，Ｃ「主体的に学習に取り組む態度」の３観点が示されています。そして，Ｃの評価に関しては，観点別評価を通じて見取ることができる部分と観点別評価や評定にはなじまず，個人内評価等を通じて見取る部分があることに留意する必要がある，としています。その際，粘り強い取り組みの中で，自らの学習を調整しようとしているかどうかを含めて評価することになるでしょう。態度の評価に関しては，これまでも学習に向かう姿勢を評価するのか，それとも社会参加や行動の評価なのか意見が交わされてきました。そして，態度の含まれ方によって民主主義の基本原則から，価値注入の態度主義が批判されてきました。しかし，Ａ・Ｂを含んでのＣであることに変わりありません。今まで自分自身は社会をどのように見ていたのか，その社会は個人や集団にとってどのようなものか（前節②：pp.9〜10），そして，社会はどうあるべきかを（前節③・④：pp.11〜16）学習を通し，深く追究しているか見ることになるでしょう。難しいのは，内面の変化をどのように可視化するのかに尽きるでしょう。その際，文字・音声・行動で表出された

ものを丁寧に記録・収集することに疑問を挟む人はいないでしょう。ワークシートや小テスト，レポートの記述などを収集するポートフォリオ評価や，リアルな現実を問題場面に置きかえてのパフォーマンス評価，インタビューやアンケート調査や観察・面接法などの評価方法・手段を組み合わせて，子どもの変容をとらえることが，益々必要とされるでしょう。子どもの育ちをとらえる手立ての具体は，第2章からの実践例を参考にしてくださると幸いです。

　最後に「学ぶことは変わること」に尽きるでしょう。2011年3月11日の東日本大震災のあと，OECD教育政策委員会が東北スクールプロジェクトを応援しました。そこに参加した高校生の成果発表や活躍では，社会科が求めていた若者の姿が映し出されていました。地域の問題を，自分や社会とのかかわりにおいてとらえ，考え活動する様子が反映されていました。さまざまな人々と出会い，実体験を通して活動する姿，人々に送られたメッセージに心動かされます。先人の選択・判断の結果としての現在のしくみや制度，構造的な問題を知的に冷静に分析することを，社会科は目標としてきたことでしょう。その結果が今にあるのだとして，まだ不十分だとしたら，あえて選択・判断に当時者性や体験，行動や参加をすることで，感情はどのように揺さぶられるのか，行動の変化があるのかを探ることも必要なのではないでしょうか。それは，教育に携わる私たちが，今までどのくらい，若者の姿に「責任ある行為主体者（agency）」の責任をもっていたのかにほかならない気がするからです*³。　　　　　　　　　　　　　　　　　　　　　　　　（峯　明秀）

---

*1　トゥールミン・モデルは，議論や論証での利用などさまざまな書籍や論文が出されている。早い時期では井上尚美『言語論理教育入門』明治図書，1989，社会科では尾原康光「社会科授業における価値判断の指導について」『社会科研究』No39，全国社会科教育学会，1991，pp.70-83などがある。

*2　小原友行・峯　明秀編著『「思考力・判断力・表現力」をつける中学公民授業モデル』明治図書，2011，p.23

*3　「OECD教育2030」では，知識やスキル，態度及び価値を効果的に育成していくことができるようにするための検討が重ねられている。

第2章

「見方・考え方」を鍛える
社会科授業デザイン　小学校編

お店の人とかかわりながら販売について価値判断・意思決定をする活動を通して実社会とつながる社会科授業づくり

小学校第3学年
「はたらく人とわたしたちのくらし」

1 子どもと社会をつなぐ授業をつくるポイント

本単元は，販売の仕事に携わる人々の工夫や努力を学ぶ場である。学習をする店は，スーパーマーケットやコンビニエンスストア，商店街の店，さらに地域の専門店を取りあげ，見学も行った。見学の際には，商品の配列の仕方や働いている人の工夫などに着目して見学を行うようにして，3つの店の特色を比較しやすくなるような見学を心がけている。また，見学のときのインタビューだけでなく，学習を進める中で，出てきた子どもたちの疑問なども適宜，店員と打ち合わせをしながら，解決できるようにしていく。

それぞれの店の特色を学んでいく中で，買い手にとって，スーパーマーケットの商品の安さや種類の豊富さが利点としてあげられ，八百屋では，店員と客と信頼関係が強い分，安心感があることがわかった。これらの買う側の価値・判断を取り入れながら，お店で働く人の努力や工夫を学んでいく。この単元の後半では，地域のパン屋をとりあげ，店主の協力を仰ぎながら，パン屋の新商品を開発する時間を設ける。これは，新商品を考えることの工夫や努力を知識だけで得るのではなく，実際に体験することで，より店で働く人の思いに迫れると考えたからである。また，商品を考える上でお店側の思いや商品を買うお客側の思いを取り入れることで，より商品を考える活動に深みを増すことができる。

学習の中で，材料費など商品開発において難しくなる部分は，多少小学3年生の発達段階によって噛み砕いたものとなるよう支援するが，できるだけ現実的なものとなるように教材の扱い方を工夫して教材化を行った。

2 「見方・考え方」を鍛える教材づくりの視点

01 見学やインタビューを何度もくりかえし，実際に目でみることで，店で働く人々を身近に感じることができる

　1回だけの見学だけでは，イベント的なものとなってしまうことが考えられる。子どもに疑問をもたせ，商品の置き方や店の人の工夫や努力などの視点を定めて見学に行くようにする。

　そして，学校に戻って気づいたことを出し合い，まとめていく中で，新たな疑問が出た場合も，できるだけ見学に行けるようにする。これにより，体験的な活動も通して，店で働く人を身近に感じ，より興味をもって学習に取り組み，店の人や客の関係などの見方・考え方を養うことができる。

02 店長の助言やお客さんの声を活用して，さまざまな立場の人の考えを集約することで，商品開発についてより深く学ぶことができる

　商品を開発する上で，店側の考えを取り入れるだけでなく，お客さんの考えも開発に活かしていくことは，現在の社会でも積極的に行われている。

　商品を店長の前でプレゼンし，要望をもらい，さらにアンケート等を活用し，幅広く子どもたちが考えた商品についてコメントをもらうことで，小さな子どもをもつ親の意見や食べやすさを求める人の意見などが集まる。商品を開発する上で，客のニーズを取り入れたアイディアを出していくことの重要性に子どもが気づき，商品を開発するための見方・考え方を養うことができる。

写真1　実際に売られている様子

3 「主体的・対話的で深い学び」を実現する授業デザイン

01 授業（小単元）のねらい

　本授業（小単元）のねらいは,「パン屋の新商品を開発する活動を通して,商品を売る側と買う側の立場を意識して,よりよい商品の開発について考えることができる」ことである。商品を開発する上で,自分の思いだけでは,多くの人のニーズに合った商品を作ることはできない。売り手や買い手の思いを集約して,最善の方向を模索してはじめて商品が作られる。この学習を通して,商品を考える上でさまざまな意見が集約されていることを体験的に学び,身のまわりにあるさまざまな商品は,顧客のニーズなども踏まえ,何度も練り上げられて完成したものであることを感じられるようにする。

02 内容

　地域の専門店であるパン屋に,既習の学習の展開と同じようにインタビューを行い,働く人の努力や工夫を聞く。その中で,「働いて一番うれしいことは何か」話してもらい,店長は「新しいパンを考えて売れた時」と答えた。その後の学習で,「新しいパンをみんなで考えて店長さんに喜んでもらおう」という流れで,学習を展開していく。パンを考える上で,「店長さんは毎日3時に起きてパンを作っているから,複雑なものは難しい」や「たくさん売れるためには簡単な形がいい」や「平野で売るのだから,平野らしいものがいい」といった考えを出し合い,案を練り,店長にプレゼンをしにいく。この小単元では,合計4回パン屋を訪ね,何度もアドバイスをもらいながら,案を修正し,実際にインタビューをしたパン屋で考えた商品を販売した。

4 指導計画

主な学習活動　☆子どもの様子	○教師の支援　□評価の観点
1　前時までの学習を振り返る。 ☆どんなパンになっているのかな。とても待ち遠しいな！ 2　本時の学習課題を確認する。	○第1案から現在の第4案までのパンを投影して，店側や客側の意見を幅広く取り入れてきたことを確認する。
第4案のパンについて考えよう。	
3　お客さんのコメントから調べる視点を整理する。 ☆ボロボロと落ちないか心配している人もいるね。 4　実際に店長に作ってもらったパンを試食する。 ☆お客さんがいう大きさと合っているかな。 5　第4案のパンについてもう一度考える。 ☆これより大きくしてしまうと，値段が上がってしまうね。そうすると売れないかも。 6　本時の学習を振り返る。 ☆本物のパンを見て感動したな。もう少しだけ直して，たくさん売れるパンにしたいな。 ☆まだ直すところがあるけど，もう少しで完成すると思うのでがんばろう。	○パン屋の店長からのメッセージを伝える。 ○値段に関しては，あらかじめ店長に確認しておき，資料として提示できるように用意しておく。 ○教師は調べる視点を黒板に整理して板書する。 ○店長に実際に作ってもらった試作のパンを子どもに配布する。 ○第4案のパンについて調べてみて，改善しなくてよいところ，まだ改善すべきところを共有し，発表し合う。 □パン屋の新商品を開発する活動を通して，商品を売る側と買う側の立場を意識して，よりよい商品の開発について考えることができる。

5 指導展開例

　本授業では，事前に第3案で考えたパンの試作品を店長の協力を得て，作ってもらった。そして，手触りや味，ちぎりやすくなっているか，ぽろぽろこぼれないかという部分を入念にチェックした。しかし，実際に作られたパンは大きさの関係で子どもが考えた「ひらの」という文字を入れることができず，綿花をモチーフにしたパンであるが，花びらは5枚から4枚になっていた。これは，安いものを買いたいというお客さんの思いを踏まえて，小さいサイズにした結果である。そこで，さらに第4案を考える。どの部分を優先にすべきか話し合う中で「綿花をモチーフとしているのだから，花びらは5枚にした方がいい」や「文字を入れるのが難しければ説明の用紙をつけるといい」という考えが出てきた。大きくなる分値段は上がってしまうが，ちぎりやすさを取り入れるためには譲歩しなければならないことを全体で共通理解した。最後に，第4案のポイントを確認して，次回は店長に案をプレゼンしにいくこととしてまとめた。

6 授業で使える資料例

　右の写真は子どもの考えたパンについて保護者が消費者目線でアンケートを記入したものである。このアンケートから，意見を集約して，考えたパンについていいところや修正すべきところを話し合う。実際に考えたものについてのアンケートであり，子どもは現実味をもって話し合いを深めることができる。

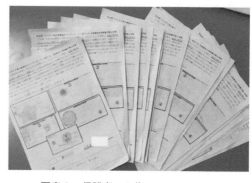

写真2　保護者から集めたアンケート

7　「子どもの育ち」をとらえる評価の工夫

　本実践では，毎回の授業ごとの振り返り
を子ども一人ひとり記入し，データ化した。
単元を通して，子どもの思考がどのように
変化しているか，表化したものが，写真3
である。単元の最初では，「売り方の工夫」
や「お店の人の努力」といった一般的な知
識の記述が見られるが，単元の後半にいく

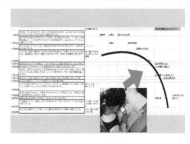

写真3　ふりかえりの表・グラフ化

につれて，「もっと売れるようにしたい」や「こぼれないパンをつくりたい」
といったように，自分ごととしてとらえている記述が見られた。このことか
ら，学習の対象を自分ごととしてとらえ「社会の一員」として学ぶことがで
きていたといえる。一方で，「いろいろ」などの抽象的な記述も振り返りに
は見られ，授業中のリアルタイムの見取りと合わせて評価していくことが，
より評価の確実性を出すことができると考える。

（滝沢　知之）

実践のポイント

　本実践の特徴は「子どもの提案を現実のものとすること」にある。
　子どもたちが新商品を開発し，実際にパンを焼いてもらう。新商品を
開発するところまでなら，これまでの社会科授業でも実践されてきた。
しかし，本実践では実際にパンを焼いてもらう。この点が，極めてユニ
ークであり，意義のある点である。
　自分たちの提案が現実になる。子どもの学習意欲を高めるのには十分
である。学習意欲が高まるだけではない。このような授業を繰り返して
いけば，子どもは将来大人になった時に，もっと提案していこうと思う
ようになるにちがいない。

（唐木　清志）

2 教科横断的な学習から自分たちのできることを選択・判断し，未来を考える社会科授業づくり

小学校第4学年
「タイムスリップ―大和川をめぐる過去から未来への命のバトン―」

1 子どもと社会をつなぐ授業をつくるポイント

　本学習は社会科4年生「地域（大阪）の発展に尽くした先人の働き」を学ぶ単元である。大阪では，過去に水害に悩まされた経緯がある。そこで大和川の付け替えに尽力した先人にスポットをあて，学習を進めた。

　本単元では社会科や理科，未来そうぞう科（本校，大阪教育大学附属平野小学校が研究開発をしている新教科）の教科横断的な学習を計画し，子どもたちにとって必然性のある学びを展開した。2018年は異常気象により，集中豪雨によって川の氾濫や土石流などが各地において見られ，社会問題となった。本校の近くにも「大和川」が流れ，大雨がある度に災害にあってきた歴史がある。地域の河川を題材に多面的・多角的な学びから単元開発を進めることで大和川という社会的事象を深く考えていけるようにする。

　2学期には大和川を見学し，子どもが疑問をもつようにする。そこで，3つの時代へタイムスリップする場を設定する。3つの時代とは今の地形とは異なる太古の時代，流町という町ができた中世や大和川の付け替え工事があった江戸時代，現代である。そして，大阪に住む人々の「命」のつながりを軸にして，大雨などの水がもたらす大地の変化やそこに住む人々の苦労や思いを探究的に学習していく中で，さまざまな教科の視点で「大和川」にアプローチしていく。大和川の付け替えという地域の発展に尽くした先人のさまざまな苦心や努力により，当時の生活が向上したことなどを複合的に関連づけながら理解し，現在の大和川をとらえなおすことで，未来を見据え，防災などについて，大阪に住む自分ができることなどを考えていく。

2 「見方・考え方」を鍛える教材づくりの視点

01 教科横断的な学習に未来そうぞう科の評価の視点を用いることで大和川に関する諸問題を多面的・多角的にとらえ，よりよい未来に向けて諸問題を解決する方法を考える力の育成につながる

　社会や自然に目を向けたとき，その枠組みを指導者側が理科としてとらえた場合，子どもにとって必然性のある学びに各学年の既有の学習内容，理科のねらいなどの視点で制約がかけられてしまい，本校の新教科「未来そうぞう科」の3つの資質・能力（主体的実践力，協同的実践力，そうぞう的実践力）を育みにくい。そこで，教科の枠に留まらずに学習内容を編成し直し，未来そうぞう科の評価の視点を用いることで，3つの実践力並びに多面的・多角的に考察する力の育成につながると考える。社会科からのアプローチとして，

・位置や空間的な広がり（大阪に川が多いという条件，大和川の付け替えに賛成または反対した地域など）
・時期や時間の経過（古代，中世・江戸時代，現代と三つの区分に分けた経過）
・事象や人々の相互関係（江戸時代の大和川に尽力した人々の努力や工夫など）

という見方に着目しながら，教科横断的な学習を進める。

02 対話を意識した単元展開や場面を設定することで，子どもが協働的に考察・構想する力を高めることができる

　子どもたちが社会的事象をより深く理解したり，考察・構想したりするには，子ども同士の対話，資料との対話，その事象にかかわる人たちとの対話が重要である。それらを単元展開に組み込み，多面的・多角的に物事をとらえ，子どもが価値判断・意思決定できるように教師が発問を工夫することで，協働的に考察・構想する力を高めることができると考える。

3 「主体的・対話的で深い学び」を実現する授業デザイン

01 授業のねらい

　本時は，大和川の付け替えの計画に対して賛成意見と反対意見を唱えたそれぞれの村や立場の意見の内容を資料から調べ，対話を通して当時の流町の住人として価値判断・意思決定しながら，付け替えに対する人々の思いについて多面的・多角的に考えることができることをねらいとして授業を進めた。資料をもとに，多面的・多角的に人々の思いを学ぶことで，当時の流町の住人が大和川の洪水や付け替えに対してどのように思っていたのかを感じさせたい。

02 内容

　本実践では，本時までに子どもたちは理科・社会科のアプローチから大和川を考える教科横断的な学習を行ってきた。理科的なアプローチでは，古代・中世の川や海の土山のモデルづくり，実験・観察を行うことで，川が多いことで起こる洪水などの影響を考えることができた。また社会科的なアプローチとして，古代では資料の読み取り，戦国時代には本校近くの大和川やその分流に当たる平野川の人々の影響などを考える読み取り，などを行なった。そして，江戸時代には付け替え前の洪水の被害の様子や農民のくらし（人々の地理的な条件との相互関係，年貢の苦労など）を学習してきた。

　本時では，導入で前時までに調べてきた大和川の付け替えに対しての賛成意見（付け替えをすることで洪水がなくなるなど）と反対意見（付け替えをすることで自分の土地がなくなるなど）の資料について，対話を通して意見交換を行った。展開では，その資料をもとに，「当時の平野区流町（本校所在地）の住人にとって付け替えは本当に必要だったのか」ということを，対話を通して考えることで，当時の人々の思いに触れた。そして，まとめでは，それぞれの賛成・反対の人々の立場があれども，よりよい生活にしたいという思いがあったことに気づけるようにした。

4 指導計画

主な学習活動　☆子どもの様子	○教師の支援　□評価の観点
1　本時の学習課題をつかむ。 ☆主に被害にあっているのは農民と呼ばれる米作りや畑の仕事をしている人なんだね。 ☆農民の中にも旧大和川沿いの人や新大和川の人など，位置的にもさまざまな立場の人がいるね。 2　本時の学習課題を確認する。	○前時の立場が想起できない子どもには，他の子どもと話し合いながら，既習事項を思い出すよう促す。 ○現在の大和川の写真を見せ，問題提起をする。

> 流町の住人にとって，大和川の付け替えは本当に必要だったのか？

3　大和川の付け替えに賛成または反対の意見について調べる。 【賛】☆付け替えると洪水が少なくなる 【反】☆田や畑がなくなってしまう 4　グループで話し合い，多面的・多角的に価値判断・意思決定をする。 5　流町の立場から，問題について学級全体で交流する。 ☆洪水は少なくなるから人の命が救え，流町の人は賛成していたと思う。 ☆位置的に田畑がなくなることもあったと思うから反対したと思う。 6　本時の学習を振り返る。 ☆どの立場の人も生活をよくしようとしていた。	○教科書，中九兵衛さんの文書資料，地図などから，付け替えの賛成派，反対派の意見を調べるように意欲を喚起する。 ○流町の住民の立場に立って，賛成か反対かを価値判断・意思決定する。その際，資料を相互に関連させて，人々の思いに迫れるようにする。 □調べたことをもとにしながら自分で考えたことと，他者が考えたことを比較したり結び付けたりして考え，大和川の付け替えに対してのさまざまな思いをとらえることができたか。

5 指導展開例

　本単元では，「自分が流町の住民であるならばどのように考えるか」という立場で単元を進めていった。そこで，社会的事象の意味を追究するため，単元を通して座標軸を用いて価値判断・意思決定するようにした。その際，ネームプレートを活用しながら，可視化することで対話が生まれるような手立てを行った。江戸時代における大和川の付け替え計画で，賛成・反対の意見があったことを学ぶ学習では，大和川の付け替えが当時の人々にとってどのような意味を持つのかを考える場面を設定した。そこで考える問いを「流町の住人になって，付け替えの必要性とその理由を考える」と設定し，子どもたち自身がその当時の人々の思いや相互関係を考えるようにした。子どもたちからは「新しく大和川が付け替えられる村はそこで洪水が起こることも考えられるのではないか」「賛成の意見では大阪の村全体の命が助かるから，流町の村の人も付け替えを望んでいたと思う」などの意見が出て，対話をしながら学習することができた。また，共有アプリであるロイロノートを活用し，全体の意見を可視化しながら考え対話することで，子どもたちの価値判断・意思決定の参考にすることができた。

写真　ロイロノートを
　　　活用した場面

6 授業で使える資料例

　本学習では平野区誌から多く資料を参考・引用した。流町にとって本当に付け替え工事が必要だったかを考える際に郷土資料は有効であった。3年生「自分たちの地域の移り変わり」の他，6年生の歴史学習にも図書館や郷土資料館にある「○○市史」「○○区誌」などを活用することで子どもにとって身近な学習になる。

平野区で反対運動に参加した村落

村　名	延宝4年(1676)	天和3年(1683)	元禄18年(1705)
長原村	○		
東出戸		○	
西出戸		○	
六　反		○	
辰　巳		○	
川　辺	○		○
東瓜破			○
西瓜破			○

表　平野区誌の一部

7 「子どもの育ち」をとらえる評価の工夫

　本実践においては，「子どもの育ち」をとらえるために学習の導入段階と学習経過において，子どもたちの習熟度や思考を見取りながら学習を進めた。診断的評価と形成的評価の見取りの結果を以下に示す。診断的評価は，ワークシートを活用しながら行った。ワークシートでは，柏原市歴史資料館（大和川の付け替えの資料や付け替えに尽力した中甚兵衛の業績を示した資料の展示）の見学や実際の大和川をリビエールホールから俯瞰的に見る活動から，さらに知りたいことを理科・社会・それ以外の視点から疑問を出す活動を行った。そこから，「雨が降った時の川の流れはどのようになるのだろうか（理科）」「大和川の工事の付け替えは，実際はどのようなものだったのだろうか（社会科）」「今，洪水が起こった時にはどのように対処しているのだろうか（防災）」などさまざまな面で調べたいという意欲を見取ることができた。形成的評価では，振り返りの記述を座席表にまとめたものから子どもたちの思考を見取った。例えば，「田んぼがなくなるのは嫌な人がいるけど，もっと命がなくなるよりはいい，という人の意見から大和川の付け替えが始まったと思う」など付け替えへの思いを見取ることができた。

　各学習段階での評価から子どもの興味・関心や考えを見取り，学習計画に反映していくことで思考に沿った学習展開ができる。

（大屋　智）

　本実践の特徴は「「見方・考え方」を活用した多面的な選択・判断」にある。

　本実践では，「社会的な見方・考え方」に加え，「理科の見方・考え方」にも注目する。さまざまな見方・考え方を統合させることで，子どもの思考は深まるにちがいない。カリキュラム・マネジメントの1つの方法である。

（唐木　清志）

3 現在の課題から未来の社会を考える社会科 授業づくり

1 子どもと社会をつなぐ授業をつくるポイント

授業で大切にしていることが3つある。1つ目は「子どもたちが，自分事としてとらえることができる課題の設定」である。身近な地域の事例を挙げ，考えさせることで自分事として考えることができる。物理的な身近さだけでなく，自分の生活につながっていると思わせる視点を与えることが必要である。2つ目は「未来を見据えて考える視点」である。自分も社会の一員であることを自覚し，どのように考え行動するか，判断できる大人になってほしい。大切なことは，物事を多面的・多角的に見ることができるように，さまざまな視点を与えることである。見方・考え方を広げることで深く考察することができる。3つ目は「意思決定・価値判断・課題解決」である。社会科の授業を授業だけで終わらせず，学んだことを実生活で活用できる授業を大切にしている。授業の中で自分の立場を決め，資料を活用し，なぜそのように考えたのか，根拠をもって議論する活動を取り入れるなどしている。

小学校五年生で学ぶ産業学習の課題として，生産されたものについては身近であるが，その生産工程や生産者と自分の生活とのつながりが薄いことが挙げられる。では，なぜ産業学習をする必要があるのだろうか。「見えないものを見える化」することこそ，産業学習の大切さだと考える。普段当たり前に食べている食べ物や身近に使っている工業製品などについてどこでどのように作られて自分の手元に届いているか，子どもたちがわかっていないところを気づかせる。そうすることで，子どもたちにとって産業は関係のない話ではなく，自分とかかわりの深い出来事となる。

2 「見方・考え方」を鍛える教材づくりの視点

01 過去→現在→未来の変化

　どの産業にも共通していえることは，時代ごとに課題があり，その課題を生産者の工夫によって改善してきていることである。つまり，時代のニーズの変化によって産業は大きく変化していく。そこで，現在の課題を学び，消費者のニーズを考えることで，未来の産業がどのように変化していくかを考察することができる。教科書の流れとしては，単元の終わりに，「現在の課題と工夫」を学ぶことになっている。しかし，現在の産業の課題を単元の最後で学ぶのではなく，最初に組み込むことで，課題解決の視点から単元を構成することが大切である。

02 自分事としてとらえやすい消費者目線から

　産業学習の最大の課題は，「生産者の努力や工夫を学ぶが，生産者が身近ではないために，考えにくい点」にある。そこで，まずは消費者目線からどのような生産物を望んでいるか考えることで，生産物に求められるさまざまな視点が見えてくる。その中で，生産者がどのような工夫をしているかという視点へと広げていく。生産者の工夫や努力については，教科書や資料集の資料だけにとどまらず，実際に生産者に来てもらい子どもたちが疑問をインタビューするといった社会と子どもたちをつなぐ方法も有効である。また，農業で学んだ課題とその課題解決のための工夫を考える流れは水産業や工業など，他の産業学習にも活用できる。

3 「主体的・対話的で深い学び」を実現する授業デザイン

01 単元を貫く問いの設定

　「単元を貫く問い」として，「2030年，農家という仕事はなくなる？　なくならない？」と毎時間問うことにより，子どもたちの考えを揺さぶる。毎時間で違う視点を与えていくことで，多様な見方ができるようにしていく。今すぐのことではなく，子どもたちがちょうど大人になったころの未来のことを聞くことがポイントである。現在からの変化を考え，自分が大人になったとき，どのような社会情勢になっているかを考察し，自分はどのように生きていけばいいか，視野を広げて考えていってほしい。

02 ５段階の立場の設定と根拠

　自分の考えを発表することが苦手な子どもが多い。授業で大切にしていることとして，自分の立場を明確にし，理由を書くことが挙げられる。「あなたならどう思いますか」という問いだと，自分の考えを書きにくい。しかし，選択肢があると，考えを書くことが苦手な子どもも，選ぶことができる。そこで，今回は５段階の立場（なくなる／ほとんどなくなる／変わらない／ほとんどなくならない／なくならない）を設定することで，子どもたちの揺れる考えを表しやすくする。

03 生産者へのインタビュー

　調べ学習を取り入れることで，子どもたちは自ら生産者のさまざまな努力や工夫について学ぶことができる。しかし，インターネットや本を用いた調べ学習では表面的な知識しか得ることができない。そこで，生産者に直接インタビューを行うことで，調べてもわからなかった具体的な取り組みや，生産者自身が感じている喜びや悩みを学ぶことができる。

4 指導計画

時数	目標
第1時	・どんなところでお米が作られているかを理解する。
第2時	・農業の課題(生産者の高齢化と減少,消費量の減少)について理解する。
第3時	・米農家の一年の仕事について理解する。
第4時	・機械化により,作業時間が減り効率のよい農業ができるようになってきたことを理解する。 ・「スマート農業」として,ドローンの活用やアイガモロボットや自動運転のトラクターなど機械化の先を考える。
第5時	・品種改良により,さまざまな気候のところでお米が作られるようになったことや,有機農法など農薬を使わない農法が注目され始め,味や安全性など消費者が求めるものが多様化してきたことを理解する。
第6時	・自然農法という農薬を全く使わない農法で栽培されている米農家にインタビューをする。 ・消費者のことを考えて,手間のかかる農法を選んでいるという理由を聞き,理解する。
第7時	・「2030年,農家という仕事はなくなる? なくならない?」を考え,どのように変化していくか議論する中で,自分の考えを発表する。

5 　指導展開例（第7時）

主な学習活動　☆子どもの様子	○教師の支援　□評価の観点
2030年，農家という仕事はなくなる？　なくならない？	
1　決めた立場に分かれ，資料をもとに相手を説得するように発表する。 ☆無人のトラクターなどが開発され，人の仕事はこの先なくなる。 ☆有機農法などさまざまな取り組みは機械だけではできない。 2　別の立場に，質問や反論することをグループで相談する。 ☆機械にはできない仕事は何か。 3　質問や反論に対して，答える。 ☆一つひとつ違う作物の状態を見るのは人の方がいい。 4　議論を通して考え，最終的に自分の立場を決め，理由をノートに書く。	○資料をもとに発表するように促す。 ○ドローンやアイガモロボット，自動運転のトラクターの写真や，品種改良されたお米の種類などを提示する。 ○有機農法などの栽培方法をしている農家の方に実際に来ていただき，インタビューという形で，実際に工夫していることなどを聞くことも活用する。
☆減りはするが，なくならないと思う。なぜなら，機械でできることは増えたが，人間の手だからできる細やかな仕事も大切である。	□自分の立場を決め，根拠を持てているか。 □2つ以上の資料から根拠を述べることができているか。

6 　授業で使える資料例

　子どもたちが未来を想像するとき，ただの空想になってしまっては意味がない。授業で学んだことをもとに，実生活に生かせるものでなければならない。そこで，教科書や資料集の資料だけでなく，未来を見据えて政府や企業が行っていることを資料として活用する。

7 「子どもの育ち」をとらえる評価の工夫

　毎時間，同じ問いを繰り返す中で，さまざまな視点から理由を考えることができる。どの立場になるかではなく，なぜそう思ったのか資料をもとに自分の意見をいえるかを大切にしている。最初の授業では，自分の知識でしか子どもたちは理由をいうことができないが，授業を重ねるごとに，資料をもとに考えることができるようになっていく。自分の一方的な考えではなく，さまざまな視点を多面的・多角的にとらえ，資料をもとに根拠を考えることができているか評価していくことが大切である。

（家原　幸代）

実践のポイント

　本実践の特徴は「未来志向で考えること」にある。

　筆者の述べる「子どもたちが未来を想像するとき，ただの空想になってしまっては意味がない」という考え方に同感である。子どもに提案させる授業では，このパターンの授業がたいへん多い。未来志向で考えることは，社会科教師であればだれもが共感するところであろう。しかし，それを乗り越えるのは容易ではない。本実践には，そのための工夫がさまざまに見られる。

　例えば，単元を貫く問い，5段階の立場の設定と根拠，生産者へのインタビューである。いずれにしても大切なことは，事実に即し，具体的に考えることであろう。「2030年，農家という仕事はなくなる？なくならない？」という，子どもの学習意欲を引き出す問いも重要である。その問いへの回答が空想ではなく現実を踏まえたものになっているか。この観点から，子どもの学びは評価されなければならない。

（唐木　清志）

4 世の中に興味がある学級の雰囲気の中で市民性の育成を志向する社会科授業づくり

小学校第5学年
「『わたしたちの国土』を中心として」

1 子どもと社会をつなぐ授業をつくるポイント

　日本人は，集団の雰囲気から受ける影響が大きいといわれる。ならば，子どもと社会をつなぐためには，学級の雰囲気も重要な要素となろう。そこで本実践では，世の中に興味がある学級の雰囲気の醸成を志向した。

　社会科授業に限らず，社会とのつながりを目標や内容に設定した教育実践が必要だと考える。例えば，小学5年を担任した2019年度は，国語科で「要旨」を学習後，「今日の全校朝会での校長先生のお話の要旨は何だったか」と朝の会で問うた。理科の「発芽の条件」の学習では，土は発芽に不要であることを理解させるため，モヤシ工場の動画を扱った。道徳科の授業でも，商業捕鯨再開の賛否を切り口に，伝統文化の尊重と動物愛護を巡って議論した。改元前後の10連休前は，連休による好景気について触れた。

　しかし，わずか1単位時間や1日，1単元において，社会とのつながりを意識した教育活動をしたところで，子どもの意識が大きく変わるわけではない。長期スパンで，かつ，教育活動全般において，世の中に興味がある学級の雰囲気を醸成してこそ，子どもと社会をつなぐことができるのだと考える。

　とはいえ，単に世の中に興味がありさえすればよいのではないことを付言しておく。社会科では，市民性（本稿では公民的資質と同義とする）の育成が求められる。将来的に，民主主義の原則を踏まえ，社会の構成員の一員として自分の考えをもち，他者と議論しながら，折り合いをつけることのできる人物像を見据え，教育活動にあたる必要がある。この点が欠落すると，ネットで誹謗中傷ばかりを書く「ネット住民」と峻別できなくなる恐れがある。

2 「見方・考え方」を鍛える教材づくりの視点

01 本大単元における「見方・考え方」の設定

　小学5年第1大単元「わたしたちの国土」では，目標1「人々は自然条件に順応しながら生活していることをつかませること」，目標2「自分たちのくらしと自然条件との因果関係に気づくこと」を設定した。目標達成のために，次の見方・考え方を設定した。すなわち，ア：自然環境による問題や課題，イ：アの克服方法，ウ：メリット，エ：文化の4点である。この4点に沿って教科書等の資料から調べる学習（目標1）とともに，自分の住んでいる県における社会的事象を先の4点からとらえる学習（目標2）を展開した。こうすることで，子どもたちは大単元の見通しをもつことができ，さらに4点の見方・考え方が子どもたちに定着すると考えた。

02 見方・考え方の活用場面の確保

　本大単元は，低地もしくは高地から1事例，暖地もしくは寒地から1事例，合計2事例を扱うことが一般的である。しかしこれでは，社会科における深い学び，すなわち見方・考え方を活用する場面が十分確保されているとはいいづらい。

　そこで本実践では，先の4事例に加え，火山地域及び自分たちの住んでいる県を加えた6事例を扱った。まず，火山地域を事例に上記の見方・考え方，ア・イ・ウを抽出した。その見方・考え方に沿って，低地，高地，暖地を調べる学習を展開した。しかし暖地の学習では，従来の見方・考え方だけでは説明のつかない見方・考え方エの存在と出合う。そこで，寒地においては見方・考え方ア・イ・ウ・エに沿って調べる学習を組み込んだ。最後に，自分の住んでいる県における社会的事象について，見方・考え方ア・イ・ウ・エからとらえる学習を展開した。なお，時数には限りがあるため，高地及び寒地の学習は，各1時間にとどめた。

3 「主体的・対話的で深い学び」を実現する授業デザイン

01 世の中に興味のある学級の雰囲気づくり

　朝の会の時間で，連絡事項を伝えた後にニュース等の世の中の出来事を伝える時間を設けるようにした。このニュースも，自分の考えをもてるよう，立場により意見が割れているものや，小学5年生の子どもが自分のこととして考えやすいものを選ぶようにした。例えば，小売店でのビニール袋有料化の是非や，通学中の子どもと車の接触交通事故についてのニュースである。

　なお，本取り組みは，学級の雰囲気の醸成のため年間を通じて実施した。

02 見方・考え方を活用した「主体的・対話的で深い学び」

　前述の通り，5事例を学習後，自分たちの住んでいる県において，見方・考え方を活用する学習を展開した。まず，県における地理的条件や文化を解明した（見方・考え方ア・エを活用）。次時には，前時で解明したことと，身の回りの社会的事象の対応関係を考える学習を取り入れた（見方・考え方イ・ウを活用）。見方・考え方の活用場面の確保とともに，市民性育成のために，本実践に限らず単元の「出口」は自分たちのくらしを扱った。

4 指導計画（全12時間）

> 火山地域のくらし…………………………1時間
> 低地のくらし………………………………4時間
> 高地のくらし………………………………1時間
> 暖地のくらし………………………………3時間
> 寒地のくらし………………………………1時間
> 自分たちの住んでいる県のくらし……2時間（本時）

主な学習活動　☆子どもの様子	○教師の支援　□評価の観点
1　本大単元の学習問題（自然環境と自分たちのくらしのつながりを見つけよう）を確認し，奈良における地理的特徴と文化を調べる。 奈良は，どんな地理的特徴や文化があるのだろう。 ☆資料から調べる。 2　前時で明らかにした①〜⑤と，身の回りの社会事象との対応関係を考える。 学習問題を解決しよう。 ☆前時の①〜⑤と，教師が提示した社会的事象の対応関係を考える。 ☆自分の考えと，他者の考えを比較する。 ☆自然環境とつながりのある身の回りの社会事象を探す。	○資料から以下の①〜⑤を読み取る。 　①盆地であること 　②年較差・日較差が大きいこと 　③降水量が少ないこと 　④1300年以上の歴史があること 　⑤世界遺産が豊富にあること □資料をもとに考えをもてているか。 ○次の写真を提示する。 ○以下の対応関係が考えられる。 　・かき氷（①②④） 　・たくさんあるため池（③） 　・柿の葉寿司（①） 　・多くの外国人観光客（④⑤） 　・ホウレンソウが特産品（②）など □既習事項を活用して，自分の考えをもてているか。

写真1　各々の方法で学習問題に取り組んでいる様子

写真2　全体で考えを共有している様子

□他者と意見交流できているか。

6 授業で使える資料例

　子どもと社会をつなぎ，世の中に興味のある学級の雰囲気を醸成するため，資料は教科書や資料集に終始せず，以下のものを活用した。なお，資料は社会科の授業で活用するだけでなく，朝の会で紹介したり，授業後もしばらく学級掲示したりするなど，学級の雰囲気づくりのツールとしても活用した。

- **筆者自身が撮影した写真**：東京書籍が事例地として採用している，岐阜県海津市（低地），長野県川上村（高地），沖縄県（暖地），北海道（寒地）は全て，教材研究のために訪問した経験があり，土地の特徴が明らかになる写真を撮影していた。子どもに写真を提示する際は，自身の目で見たものなので，撮影の意図や，その写真周辺をリアルに語ることができた。
- **Google earth におけるストリートビューや衛星写真**：前者は360°見ることができ，後者は土地の高低を視覚的につかませることができた。
- **百貨店の催事を伝える広告**：教科書や資料集に掲載されている特産品などの金額を知ることができるため，子どもは食い入るように広告を見ていた。
- **自分が住む地域の雨温図**：教科書には，筆者が勤務する奈良市の雨温図は掲載されていない。そこで，奈良市と那覇市及び札幌市を比較することで，暖地や寒地とよばれる所以を明らかにした。
- **ネットニュース**：サイトへのアクセス方法を伝えると，家庭でそのサイトにアクセスしてきた子どもも見られ，家庭をも巻き込んだ学習となった。

---

7 「子どもの育ち」をとらえる評価の工夫

特に資質・能力に関する「子どもの育ち」をとらえるためには，それは指導によるものか，それとも既有のものかを峻別せ

	全く違う	違う	同じ	強く同じ	わからない
自分の住む県や市の問題の解決に役立つことを学んだ	0	2	11	2	13
	0	0	16	7	5
わたしたちは，自分の考えをもつように求められている	1	3	7	7	10
	2	2	3	17	4
わたしたちは，今の世の中のできごとについて意見を交換している	2	2	10	5	9
	1	4	12	9	2

表1　アンケート調査の比較[1]

ねば評価（evaluation）できない。そこで本大単元実践の前後で，同じ設問を問うことで，評価の一助とした。表1中の上段は実践前の4月，下段は実践後の7月における人数を表す。本稿では紙幅の関係で，資質・能力に関する部分（筆者が志向した市民性：世の中に興味をもつとともに，自分たちのくらしについて考えることや，自分の考えをもつこと，世の中のできごとについて意見交換すること）の設問とそれに対する子どもの人数のみを表に示している。今後も教室や子どもの事実をもとに，目標設定の妥当性を追求するとともに，自身の実践を省察（reflection）し続けたい。　　（山方　貴順）

実践のポイント

本実践の特徴は「授業づくりの前提になる学級づくり」にある。

社会科授業で，子どもは自らの価値観に基づいて主張を行う。価値判断・意思決定を重視する社会科授業であれば，なおさらである。本音を出し合い，協働的に価値判断・意思決定できなければ，社会参加のあり方は考えられない。ここに，学級づくりの重要性が問われる。主体的・対話的で深い学び以前に教師がしなければならないことは，なんでもいえる学級づくりである。

（唐木　清志）

＊1　棚橋健治代表『世界水準からみる日本の子どもの市民性に関する研究』2010

5 子どもが主体的に取り組む小学校社会科の授業づくり

1 子どもと社会をつなぐ授業をつくるポイント

　高学年の社会科学習では，中学年の身近な地域を対象とした学習から日本や世界へと学習の対象の範囲が広がり，内容も抽象的となる。自分のくらしと学習内容につながりが感じられず，受動的に学習する子どもも多い。

　新学習指導要領において「主体的・対話的で深い学び」が求められている。主体的な学びとは，学習者が能動的かつ自律的に学習をすることである。主体的に学ぶ子どもの具体的な姿として，好奇心が喚起され，強い願いや目的をもって活動に没頭している状態が考えられる。こういった動機づけを含む積極的な関与状態をエンゲージメントと呼び，この状態にあることが子どもの質の高い学びをもたらす。このエンゲージメントを高めることが，子どもが主体的に学ぶ授業づくりにつながるポイントとなるだろう。

　エンゲージメントは，子どもの学習に対する意欲に大きく関与し，課題や活動内容・方法といったさまざまな環境条件に影響を受ける。活動や教材を学習者の具体的な生活経験とつなげるなどの環境を整えることで質の高い学びが実現される。

　エンゲージメントを高め，社会科の学習での質の高い学びが得られることにより，更なる意欲が生まれ，子どもが主体的に社会へと主体的に参画する意欲を高めていくことができるだろう。

2 「見方・考え方」を鍛える教材づくりの視点

01 習得した見方・考え方を繰り返し活用する大単元構成

　農業，水産業といった個別の視点ではなく，「食料生産」をより多面的・多角的にとらえるために，大単元「わたしたちの食生活と食料生産」を設定した。

　前単元「さまざまな土地のくらし」では，気候や地形の特色が産業に生かされていることの学習から，地理的な条件が産業に影響を与えているという見方を習得した。本単元では，既習の見方を利用して，米作りのさかんな地域の地理的特色をとらえる。

　第1次「米作りのさかんな地域」の学習では，地理的な見方，時間的な見方（時間の経過による変容），産業が抱える問題点，工夫や努力の4つの見方・考え方を習得した。第2次「水産業のさかんな地域」においても，同じ4つの見方・考え方を働かせて学習を進める。さらには，第3次「これからの食料生産」では，身につけた見方・考え方をもとに日本の食料生産全体をとらえる。

　このように同様の見方・考え方を繰り返し活用することで，身につけた力を確実に鍛えていくことができる。

02 比較・分類を通して考えを深める授業展開

　本単元では，各授業の最後にふりかえり専用のワークシートを使用する。ここでは，前述の4つの視点から食料生産を整理することができる。それぞれ個別の知識や見方・考え方が並列されることで，比較が行いやすくより多面的にとらえることができる。第3次「これからの食料生産」では，農業と水産業を比較・分類することを通して，共通点や相違点を見つけ出し日本の食料生産全体の概要を予想し，さらに追究することで学習を深めていく。

3 「主体的・対話的で深い学び」を実現する授業デザイン

01 エンゲージメントを高めるための導入の工夫

　学習に対する興味を高めるために，「わが家のお米の産地調べ」から学習を始める。自分の食べている米と米作りの学習につながりが生まれる。また，産地調べの結果と米作りのさかんな地域の資料との違いから，さらに疑問が生まれる。

02 問題解決的な学習過程

　学習を通して子どもが持った考えや疑問を発展させ学習計画を立てることにより，課題解決への意欲を高め，見通しをもって自律的に学習を進めることができる。

4 指導計画

第1次　米づくりのさかんな地域

　第1次の導入では，米の産地や米作りのさかんな地域の資料を読み，学級全体の子どもの考えや疑問を整理し，学習計画を立てる。その際に，地理的な見方・時間的な見方・産業が抱える問題点・工夫や努力の4つの視点から整理を行う。終わりには，これからの米作りの見通しや戦略を生産者視点から考える。

第2次　水産業のさかんな地域

　第1次と同様，子どもの考えや疑問から同じ4視点を用いて整理し，計画を立て学習を進め，これからの漁業の見通しや戦略を生産者視点から考える。

第3次　これからの食料生産

　ワークシートを使用し，第1次・第2次で学習したことを比較・分類・整理し，日本の食料生産が抱える問題点を取り上げ，追究を行う。単元の終末には，日本の食料生産が抱える問題を1つ取り上げ，これからの未来や「自分が」できることについて考え，交流する。

主な学習活動　☆子どもの様子	○教師の支援　□評価の観点
米の産地の気候や土地の特色を調べよう。	
1　地図帳の米マークを探し，白地図に書きこむ。 ☆産地は全国にあるんだね。 2　米作りに関係がありそうな土地の様子の特徴を予想する。 ☆川があるね。　☆山の近くにある。 ☆日本海側に多いのかな。 3　庄内平野の土地の様子を調べる。 ☆平地にあるよ。　☆川もあるね。 ☆日本海側にあるよ。 4　グループで太平洋側と日本海側の気候の特色と米作りの関係を考える。 ☆気温はほとんど変わらないね。 ☆夏の日照時間に違いがある。 ☆日照時間が米の生育に影響するね。 ☆夏と冬で季節風の向きが違うね。 5　米どころの地理条件を確認する。 6　条件に当てはまる他の米の産地を地図帳をもとに探す。 ☆新潟県の越後平野も同じだね。 7　学習を振り返る。	○「気候や地形の特色が産業に影響を与えている」という見方・考え方を使い予想するよう声をかける。 ○既習の「土地の利用図の読み取り方」の学習を思い起こすようにする。 ○①気温，②日照時間，③日照時間と米の生育に関する新聞記事，④季節風についての資料をそれぞれ読み，グループで米作りと気候の関係について考えられるような学習形態をとる。 □気候と米の生育には関係があることを，資料を関連づけながら考えることができる。 ○学習を活用できる場を設定する。

6　授業で使える資料例

01　ふりかえりワークシート

　授業で学んだことを表にまとめていくことで，比較・分類が容易になる。本単元では，子どもの疑問から２つの地域を選択し地域ごとや産業ごとに比較・分類し，学習したことにもとづき，よりよいあり方について考える態度を養う。

わたしたちの食生活と食料生産

	庄内平野（米作り）	長野県（米作り）	長崎（水産業）	焼津（水産業）
地形や土地の特色				
時間による変化				
抱える問題				
工夫や努力				
これからの見通し・戦略（大切にしたいこと）	○これからの米作りはどうなる？どうしていく？		○これからの水産業はどうなる？どうしていく？	

図1　ワークシート例

02　「わが家のお米の産地調べ」

　特大サイズの日本地図の白地図に子どもが調べた家庭のお米の産地をシールで貼っていく。
　特大サイズであることは，子どもの興味を大いにひく。
　また，日本全国に産地があることや分布の偏りなどがぱっと見てわかることなどから米づくりの学習に意欲的に向かう手立てとなる。

写真　産地調べマップ

7 「子どもの育ち」をとらえる評価の工夫

01 ノートのふりかえりの記述

　各授業の最後には，子どもがノートに学習のふりかえりを書く時間を設定している。その時間に自分が考えたこと，もっと知りたいこと，もっと考えたいこと，みんなで話したいことの4つの観点のうちから選んで書く。このノート記述から，子どもの思考形成や思考過程の把握を行うことができる。

02 ふりかえりワークシートの活用

　ワークシートは，習得した4つの見方・考え方を働かせながら学習したことを整理する機会となる。あらかじめ作成したルーブリックにもとづき，見方・考え方の習得やそれを活用した思考の形成を評価することができる。

　このように，主体的に考える機会や習得したことを活用する機会を繰り返し設定することで，多様な見方・考え方から社会をとらえ，主体的に社会へと参画する意欲を育むことができる。

（向田　はるか）

実践のポイント

　本実践の特徴は「授業へのエンゲージメントを重視すること」にある。
　本実践における実践者のさまざまな工夫はすべて，「エンゲージメント」につながる。実践者はそれを「動機づけを含む積極的な関与状態」と定義する。価値判断・意思決定でも，社会参加でもまずもって大切にされるべきは，子どもが社会的事象を「自分事」としてとらえることである。「なんとかしたい」という意欲をかき立てることがなければ，社会参加には辿り着かない。

（唐木　清志）

6 未来を「そうぞう」する子どもたちを育む 社会科授業づくり

1 子どもと社会をつなぐ授業をつくるポイント

　ヒトは，よりよい未来を「そうぞう」しようとするとき，必ず何らかの価値判断・意思決定をし，行動に移していく。だからこそ，これからの未来を描いていく子どもたちに必要とされる力の一つとして，価値判断・意思決定力を挙げることができる。そして，子どもたちに学びの中で得た見方・考え方，価値観をもって，実社会に働きかける必要性を実感させることが重要となる。

　このことを念頭に置いた上で，社会科授業では，主に以下の3つのポイントを重視して学びをつくっていくことが望まれると考える。

---

　①友だちや社会的事象に直接かかわる人，実物，書籍・資料，そして自分との「対話」を通して学ぶ。

　②単元を貫いて，価値判断・意思決定を繰り返しながら学ぶ。

　③自ら調べ，俯瞰して多面的に見て考え，価値判断・意思決定し実行に移す。

　また，社会科の学びでは，特に「人とのつながり」を意識したい。そもそも社会科で学ぶ内容は，人の営みに関する事象であるからである。ゲストティーチャーを招いたり，遠隔授業をしたり，ビデオレターでつないだりしながら，実社会とのつながりをもって学びを進めていくことが有効である。

2 「見方・考え方」を鍛える教材づくりの視点

01 授業や生活の中で，単元を貫いて価値判断・意思決定する場をつくる

毎時間の学習の中で，少しずつ対象に対する見方・考え方や視点を身につけていく。刻一刻と思考が変容していく中で，毎時の途中や終わりに，ふりかえりシートなどを活用

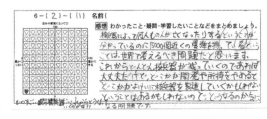

図1　ふりかえりシートへの記述

して価値判断をすることを，単元を貫いて行い続けるようにする。これにより，今ある見方・考え方を働かせて，価値判断・意思決定をする力が養われていくと同時に，社会の複雑性に気づかせていく。

02 各授業で見方・考え方を増やし，多面的に対象を見つめる場をつくる

図1のふりかえりシートに子どもたちが記述したものを，座席表にまとめ，毎時の始めに，子どもたちに配布する。座席表により，自他の前時の終末部における思考の状況が確認でき，同じ授業を受けていても，互いに価値判断の状況が違うことや重視している見方・考え方が異なることがわかってくる。これだけでも，多面的に社会をとらえることが可能となる。同時に教師は子どもたちの思考や価値判断の変遷を細かに見取り，授業改善につなげることができる。

また，図1のふりかえりシートで子どもたちが公的判断と私的判断の二軸のマトリクスで判断したものを数値化した。これを前述の座席表と同時に整理し見ていく。こうして，学級全体及び各個人の思考の流れをつぶさに見取り，対象を多角的にとらえるために必要な資料を取り扱うとともに，子どもたちがあまり意識していない部分を資料提示したり，発問したりするなどして，対象について多面的にアプローチしていくことができるよう，単元構成を柔軟に修正しながら学びを紡いでいくようにした。

3 「主体的・対話的で深い学び」を実現する授業デザイン

01 多面的に思考して価値判断し，実社会に働きかける授業づくり

　「核利用」は，軍事利用と平和利用の大きく2つに利用の在り方を大別できる。その中でさまざまな視点・立場が想定できるが，「核利用」という対象を俯瞰して見つめ，今後の在り方について多面的に思考し，価値判断・意思決定することができるようにした。そして，最終的にはその判断をもとに，実社会に働きかける行動につなげていくようにした。

02 俯瞰して，多面的に対象をとらえるための学習内容

　核利用について，下のようなさまざまな視点・立場から「核利用の在り方」について迫っていくことができるように学習内容を設定した。

・軍事利用の視点	・クリーンエネルギーとして平和利用する視点
・再生可能エネルギーの視点	・核利用後の核ごみ処理の視点
・労働者や地域住民の視点	・自然災害・事故・安全性の視点
・核医学として利用する視点	・持続可能性の視点

4 指導計画（丸付き数字は時数）

①学習の計画を立てる	②核の軍事利用の過去・現在
③遠隔授業：被爆者の過去・現在・未来を描こう	④エネルギー資源としての利用
⑤核医学と私たちのくらし	⑥核利用の在り方を考える
⑦核利用は世の中を豊かにするのか	⑧明るい未来に向けて（レポート・千羽鶴作成）

5 指導展開例（第6時）

主な学習活動　☆子どもの様子	○教師の支援　□評価の観点
○「座席表」や前時までに配布された資料及びワークシートに表現したことを見て，前時までの学習を振り返り，どんな未来にしたいか，考えたことを整理する。 ☆他者の考えに興味をもち，自然と対話をする姿が見られた。	○私たちを取り巻く核利用の過去・現在と，日本の未来（豊かさ）についてイメージしたことを結びつけながら，子どもたちの発言を黒板に整理する。 ○本時までに，核利用についてどう考えていたか確認できるよう，ネームプレートを貼ったホワイトボードを黒板に掲示する。
○グループで話し合い，その時点での価値判断・意思決定をする。 ○学級全体で意見を交流し，より多面的視点から，社会的事象について考えるようにする。 ☆他者の考えと比較・総合しながら，未来の社会の在り方について発想する姿が多く見られた。	○他者との対話を通して自分の判断が変わった場合は，随時，ミニネームプレートを移動してよいものとし，その理由を聞く。 ○未来に向けて，私たちの生き方・在り方についても考えられるように声掛け（発問）をする。 □自他の対象について調べて考え，価値判断したことを比較・結合して考え，未来に向けてより思考を深めることができる。
○本時の学習を振り返り，ワークシートに最終的な自分の考えや，価値判断・意思決定したことをまとめる。	○価値判断の状況や課題として残っていること，今後学びたいことなど，本時の感想を意見交流するようにする。

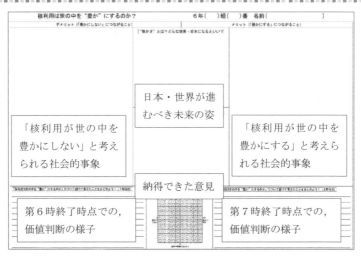

図2 ワークシートの例

　核利用のあり方について俯瞰して，多面的に調べて思考し，価値判断することができるよう，p.52 3-02の視点から，調べて考えるきっかけとなる資料を提示した。また，子どもたちには見えていない社会的事象にも思考を向けられるようにした。教材研究では，座席表や子どもたちの価値判断の様子を数値化したものを参考に，本単元で取り扱う内容を柔軟に修正し，学びを紡いでいった。

図3 資料の例「世界の核兵器の状況」

7 「子どもの育ち」をとらえる評価の工夫

> **評価の方法**
> ・ポートフォリオ評価：ふりかえりシート及び座席表　・対話評価
> ・記述式確認テスト　・パフォーマンス評価：レポート，千羽鶴作成

　ふりかえりシートのみの評価では，子どもたちの言語力に評価が大きく左右されてしまうことが想定される。従って本単元では対話による評価や実社会に働きかけようとする姿を見取るパフォーマンス評価などを試みた。その中で，単元の当初は対象について思考し価値判断をするにとどまっていたが，中盤以降には，「今の自分たちにはどんなことができるのか」と模索をし始める子どもが出てくるようになった。これらは，子どもたちが日々の学びの中で価値判断を変容させながら，学びを紡いでいき，実社会とつながろうとしていく姿であったと考えられる。

（安野　雄一）

実践のポイント

　本実践の特徴は「自らの学びを可視化して理解すること」にある。
　「私の考えはこうだけど，みんなはどんな風に考えているのか」。子どもだったら（大人もそうだが），誰もが関心をもっている。その違いを明らかにできれば，あなたはどうしてそう考えるのと聞きたくなるものである。本実践で活用している「ふりかえりシート」は，子どもの話し合いへの意欲を高めるために有効である。
　話し合い（議論）を熟議へと発展させることが必要になる。熟議に基づく社会参加こそが，今日求められている。話し合いも熟議も，教室に自然と生まれてくるわけではない。さまざまな工夫が必要になる。

（唐木　清志）

7 国際的イベント（オリンピックと万博）を切り口に，子どもと社会をつなぐ社会科授業づくり

小学校第6学年
「2025年の大阪万博のテーマは？」

1 子どもと社会をつなぐ授業をつくるポイント

　歴史学習において「子どもたちと社会をつなぐこと」は重要である。この「社会」というものを，例えば時間軸で区切ると，

① 「過去の社会」（今，子どもたちが生きる以前の社会）

② 「現在の社会」（今，子どもたちが生きている社会）

③ 「未来の社会」（将来，子どもたちが生きる社会）

と，少なくとも3つに分けられる（ただし，「過去や未来の社会」というのは，例えば時代区分，つまり弥生時代，平安時代などという切り取り方で無数に存在する）。この中で，「子どもたちとつなぐ」対象とすべきは，「現在の社会」，もしくは，「未来の社会」であろう。しかし，すべての時代の学習において現在や未来の社会とつなぐ必要はない。すなわち，「現在や未来の社会」を見据えつつ，「過去の社会」とつなげばよいのである。

　では，「過去の社会とつなぐ」ためにはどのような手法を用いればよいか。ここでは，「複数の時代を共通の切り口で見る」手法を用いる。例えば，各時代に存在した「戦争」という切り口である。まずは過去のある時代における戦争の意味や目的を考えさせる。例えば，戦国時代の戦争，日清戦争，日露戦争，太平洋戦争，という風に。その後，現在の戦争について考えさせる。同じ切り口で現れる時代ごとの違いは，その時代の，社会の特徴となる。このように同じ切り口で考え，子どもと過去とをつなぎ，次第に現在，未来とつなげるようにしていくのである。これは，歴史を学ぶ際の「見方・考え方」ともいえる。

2 「見方・考え方」を鍛える教材づくりの視点

01 社会と子どもをつなぐ時代共通の切り口としての国際的イベント

　2020年オリンピック東京大会。実は３回目の東京招致である。有名な1964年は，２回目。では１回目は？　実は1940年である。意外に思われる方が多いのではないだろうか。それもそのはず。実は1940年は，招致はされたものの開催されることはなかった。理由は，「戦争」である。

　以上の様に，オリンピックなどの国際的なイベントも，それぞれの時代によって意味や目的は異なる。国際的なイベントはその時代の「国際情勢，国際的な関心との対話」を行い，「未来への希望の体現」であったといえる。1968年のメキシコシティーオリンピックは，「ブラックパワー・サリュート」，つまり黒人公民権運動の影響を受けた。1970年の日本万国博覧会のテーマは「人類の進歩と調和」。目玉はアメリカ館の「月の石」で，人類の科学が自然を凌駕できると信じられている時代であった。会場は千里丘陵を切り崩して用意された。現在では環境のことを配慮すると到底できない。そして，1975年の「沖縄国際海洋博覧会」にて，初めて「環境問題」が取り上げられることとなった。１年後，開催が決定していたアメリカのデンバー市がオリンピック開催地を返上した理由は，まさに沖縄海洋博で注目された「環境問題」だった。

　国際的イベントを学ぶことは，各時代の社会を学ぶことにつながり，かつ，当時の社会と子どもたちをつなぐことにもつながる。また，各イベントを学ぶことは何度も過去の社会と自分をつなげる練習にもなる。これが歴史の見方・考え方を鍛えることにつながると考える（なお，オリンピックには公式のテーマというものが存在しない。そのため，各国が開催において重点を置いているであろうことをテーマと呼ぶこととした）。

3 「主体的・対話的で深い学び」を実現する授業デザイン

01 授業のねらい

　この授業は３段階で行う。まずイベントが当時の社会とつながるということを知る段階，次に，イベントについて知り，帰納的・演繹的にその時代がどのような時代かを考える段階，最後に，イベントのテーマを自ら考え，プレゼンする段階である。

　この実践では，単一の思考方法ではなく，複数の思考を行うようにさせる。これで実際に社会について考えるときの，よりリアルな状況が生まれる。また，学習にリズムが生まれるため，子どもたちの意欲も続きやすい。できれば，万博の組織委員会に，考えたテーマについての手紙を送り，何らかのリアクションをもらうのもいいだろう。まさに，「子どもと社会がつながる」といえる。

02 内容

　本実践は３〜４時間構成で行う。１時間目はまず，既習の1964年の東京オリンピックと，当時の社会についての確認である。これは事前に，河原和之氏の実践，「オリンピック開会式の実況」を追試しておくとよい。そして，1970年の日本万国博覧会（いわゆる大阪万博）を紹介し，テーマを考えさせる。缶コーヒーなど，万博ではまだまだめずらしいものを知り，最後に「人類の進歩と調和」がテーマであったことを紹介したい。そして最後の発問は1972年の札幌オリンピックを題材とし，「1964年のテーマと同じでよいか？」と考えさせたい。

　２時間目は1968年のメキシコシティーオリンピックと黒人公民権運動など，事例を挙げて各イベントのテーマをつかませる。そして，2020年の東京オリンピック招致のプレゼンを動画で見せ，現在の社会とのつながりを意識させる。最後に，2025年の万博のテーマを紹介してプレゼンにつなげ，未来と子どもをつなげる。

4　指導計画（全3〜4時間）

第1時：日本でのイベントをもとに，過去の社会と子どもをつなぐ。

　キーワード：東京オリンピック／大阪万博／札幌オリンピック

第2時：イベントをもとに，過去の社会と子どもをつなぎ，現在・未来につなげる。

　キーワード：メキシコシティーオリンピック／公民権運動

　　　　　　　2020年東京オリンピック／2025年大阪万博

第3〜4時：プレゼン練習，発表

5　指導展開例

主な学習活動　☆子どもの様子	○教師の支援　□評価の観点
課題　2025年の万博テーマに物申す！　自分たちでテーマを考えよう！	
1　現在の社会で問題になっていることは何ですか？ ☆地球温暖化！ ☆人種差別！	○これまでの学習を振り返り考えるように促す。
2　グループごとに，テーマを考える。 ☆「残そう‼　未来に地球の安全」なんてどうかな？	□これまでの学習をもとに，帰納的に考えているか。
3　ワークシートに沿って，プレゼンを考える。 ☆声量，速度に気をつけよう。 ☆目線はみんなの方に向けるといいね。	○ワークシートで，プレゼンの形式を一定に合わせる。 ○グループごとに呼び，練習の途中でいいので発表させる。ここで，プレゼンの技術などにも触れる。
4　プレゼンの練習。その後発表をする。 ※これらは1時間である必要はない。	□声，目線など，最低限の技術を意識しているか。内容は十分か。

6 授業で使える資料例

01 ワークシート例

2025年開催，大阪万博のテーマに物申す！

1 2025年，大阪で開催される万博のテーマは，「いのち輝く未来社会のデザイン」です。このテーマから，今の社会がどんなことを大事にしていると考えられますか？

①	②	③

2 他に，今の社会で大切にされていること，問題になっていることには何がありますか？

3 自分たちでテーマを考えて物申そう！
○私たちは，今の社会のことを考えると万博のテーマは，

がふさわしいと考えます。確かに，「いのち輝く未来社会のデザイン」というテーマも素晴らしいです。それは，今の社会で大事にされている，

について考えられているからです。しかし，私たちが大事だと考えている

について十分考えられているのでしょうか。いえ，不十分です。だから，私たちは，

というテーマこそ，2025年の万博にふさわしいと考えます。

02 参考となる資料（参考文献を兼ねる）

・大阪大学21世紀懐徳堂編『なつかしき未来「大阪万博」』創元社，2012
・武田薫『オリンピック全大会 人と時代と夢の物語』朝日新聞出版，2019
・吉見俊哉『万博と戦後日本』講談社学術文庫，2011
・小川勝『オリンピックと商業主義』集英社新書，2012
・朝日新聞be編集部編「サザエさんをさがして」シリーズ，朝日新聞出版

7 「子どもの育ち」をとらえる評価の工夫

01 内容だけでなく，思考ができているかで評価する

　評価は，「妥当な思考ができているか」に注目して行う。すなわち，その時代にあった出来事からその時代のイベントのテーマを妥当にまとめる帰納，そして，イベントのテーマからその時代がどんな時代であったかを妥当に考える演繹である。例えば，「新幹線開通」「もはや戦後ではない」「高速道路」などのキーワードから東京オリンピックに隠されたテーマを考えたり，2025年の万博テーマ「いのち輝く未来社会のデザイン」から，現在の社会をどのように考えたりしていくかということである。

02 資料を根拠に意見を述べているか

　教科書や，資料集をもとにするのはもちろん，家族と話すことができればなおよい。学問的には不十分かもしれないが，「歴史について家族と話す」という機会をつくるのも，また学校の役目であろう。

（阿部　雅之）

実践のポイント

　本実践の特徴は「時代を超えて考えることを可能にする教材」にある。

　本実践で何よりも注目すべきは，「国際的イベント」の教材化であろう。実践者の主張するように，オリンピックをはじめとする国際的イベントには，過去・現在・未来をつないで思考することを促せるという教材的特性がある。

　時代時代で，オリンピック・パラリンピックも万博も，性格が大きく異なる。違いを生み出す背景には，その時々の時代状況がある。社会的事象の背景を歴史的に比較してみることで，未来への展望が開けてくるであろう。

（唐木　清志）

8 高齢世代と若者世代の立場から予算配分の選択場面を取り入れた（社会科）授業づくり

小学校第6学年　総合
「財政教育プログラム」

1 子どもと社会をつなぐ授業をつくるポイント

　本実践は財務省の「財政教育プログラム」をもとにしている。

　子どもと社会をつなぐ手立てとして，専門家を活用することが有効である。教師が教育のプロであるのと同様に，他の領域にもプロがいることはいうまでもない。そのような専門家と教師が協働，連携することで，子どもと社会との距離をより近づけることができる。もちろん専門家をゲストティーチャーとして招く実践はこれまでも蓄積されている。しかし，教育のプロではないゲストティーチャーに授業を一任してしまうような形式的な実践も多くある。そこで，本事例では，授業は教師主導のもとで行い，専門家はアドバイザーとして授業に参画してもらうようにした。

　また，子どもと社会をつなぐためには「真正の学び」が求められる。その手立てとしてパフォーマンス課題「もし日本が100人の村だったら？」を提示する。本実践は総合的な学習の時間として示すが，社会科の内容と関連づけて，「公共」「歳入・歳出」などの財政にかかわる知識の獲得，ロールプレイを実施する。ロールプレイの際には学習者の発達段階を考慮し，論点を焦点化することで，選択・判断そして意思決定がなされる。このようなトレーニングを小学校段階から積み重ねていくことで，結果として，主権者として公共政策について批判的に見るような力が培われ，社会参加へとつながることが期待できよう。

2 「見方・考え方」を鍛える教材づくりの視点

01 論点を焦点化したロールプレイ

　本実践で扱うテーマは「日本村の予算をつくろう」である。「もし日本が100人の村だったとしたら」「もし，日本村の予算が100万円だったとしたら」という設定となっている。このような架空の設定の中で，どのようにお金を集めて（歳入），そのお金をどう使えばいいか（歳出）を考え，日本村の予算をつくるというものである。

　そこで，予算づくりに向けて子どもの立場を分け，課題の論点を焦点化した。本実践では，「高齢世代」と「若者世代」に立場を分けて，ロールプレイの形で議論を設定した。グループワークでは，それぞれが与えられた立場に合わせて一人で考える時間，そしてグループで考える時間を設けた。実際には子どもは財務大臣にはなりえない。子どもの主観を廃して，ある他者の立場に立って考えることを通して，与えられた条件下において思考するという訓練を続けることが見方・考え方を鍛えることにつながる。

02 専門家と協働で授業を磨く

　本実践は，財務省が作成したプランについて目標・内容を再構成したものである。授業を進める役割を教師が担い，子どもが考えた予算案に対して専門家の立場からアドバイスをする役割を財務省職員が担うようにした。子どもは専門家からのアドバイスをもとにグループで作成した予算案を修正することを通して，見方・考え方を鍛えることができる。

　また，財務省職員にアドバイスをもらいながら最終的には子どもが職員に提案するため，文脈・状況については個人・市民としての責任が小さくない。直接的に国家予算に影響を与えることはないが，当事者に子どもながらに予算案を提案する行為は，主権者としての自覚に迫ることができる。

3 「主体的・対話的で深い学び」を実現する授業デザイン

01 授業のねらい

　本授業のねらいは次の二点に集約される。第一に，予算づくりについて，トレード・オフの関係をもとに多角的に考えることができることである。第二に，予算づくりを通して，日本財政の問題を自分事としてとらえられることである。第一では，限りある予算について，それぞれの要素から調整することで「こちらを立てればあちらが立たず」というトレード・オフを疑似体験することができる。予算づくりはそれぞれの要素が複合的に絡み合っているため，予算づくりについて多角的に考えることができる。第二では，本実践では，学習者の身近に存在する「公共」から出発し，「歳出」と「歳入」のバランスが取れていないことを問題意識としてもたせる。予算づくりの疑似体験を通して，財政の抱える課題を体験的に感じさせる。

02 内容

　本実践は，財務省近畿財務局と協働し，90分間で行った。次の３段階で実施した。①日本財政について課題意識をもつ，②日本村の予算をそれぞれの立場の意見を集約し作成する，③専門家のアドバイスをもとに考え直す，である。

　①については，例として救急車を呼ぶ場合を取り上げ，公共サービスは税金によって支えられていることを確認する。現状の日本財政では，歳入と歳出のバランスが取れていないことから，問題意識を醸成する。②については，「財務大臣になって日本村の予算を考えよう」というパフォーマンス課題を提示する。そこで，議論を焦点化させるために「高齢世代」と「若者世代」の現状からそれぞれの立場の意見を踏まえて一つの予算案を作成する。③については，班ごとに発表し，それぞれが作成した予算案について専門家からアドバイスをもらい，予算案を改善する。最後に，もう一度「これからの日本財政はどうあればいいか」について考える。

4 指導計画

主な学習活動　☆子どもの様子	○教師の支援　□評価の観点
1　本時の学習課題をつかむ。 ☆どうやってたくさんのお金を日本は用意しているのかな。 ☆歳出の方が歳入より多いな。 2　本時の学習課題を確認する。 財務大臣になって日本村の予算を考えよう！ 3　立場を選択し個人で考える。 【高齢世代】☆年金だけでは生活が苦しいから社会保障を手厚くしたい。 【若者世代】☆子どもの進学のことを考えると，教育費のサポートを望みたい。 4　グループで日本村の予算をつくってみる。 ☆財務省の職員さんが○○といってくれたよ。もう少し考えてみよう。 5　発表し専門家から講評してもらう。 ☆自分の班と違う結果になっているな。 6　本時の学習を振り返る。 ☆歳入と歳出のバランスを取るのが難しいな。 ☆日本の財政の現状についてもっと財務省の人に聞いてみたいな。	○救急車や公園など身近な事例から「公共」についてとらえさせる。  写真1　専門家と話し合う様子 ○設定についてはあらかじめ準備しておき，グラフなどから読み取れるようにする。 ○専門家には各グループを回ってもらう。 ○発表のポイントを提示しておく。  写真2　予算案を発表する様子 □これからの日本財政について自分なりに問題意識をもつことができているか。

5 指導展開例

　まず「救急車を呼んだとき料金は発生するか？」と問う。実際に乗車した子どももおり，「無料」と難なく答えていた。「実際はどれくらいの費用がかかっているか？」については，「そんなにかかっているのか」と驚きの様子であった。他の事例も紹介し，「じゃあ，そのためのお金はどうやって集められているの？」と問うた。そして，歳出が歳入を上回っており，借金が膨れ上がっていることに対して課題意識が生まれた。そこで，「これからの日本財政はどうあればいいか」を発問した。

　「財務大臣になって日本村の予算を考えよう」を提示し，財務省職員もいたことから上手く課題に対して動機づけができた。「高齢世代」と「若者世代」を選択し，個人で考えた後，グループで意見をすり合わせた。それぞれが納得するように予算配分を考え，専門家にもアドバイスを求めていた。

　「消費税を少し上げて社会保障費を手厚くしたい」「少子化対策で教育費の保障をしたい」などグループごとに特色ある予算案を完成させた。最後に改めて「これからの日本財政はどうあればいいか」と発問したが，それに対して，「色々な立場の人のことを考えるべきだ」などの意見が出た。

6 授業で使える資料例

　右図は日本村の予算を考えるために，補助ツールとして財務省が作成したもの（一部）である。本実践においては各グループに一台タブレットを用意した。視覚的にどう変化するのかがわかるので，考えるための手立て

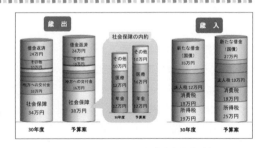

図1　補助ツール例（財務省作成）

となる。また，直接スクリーンに映写することで共有できる。

7 「子どもの育ち」をとらえる評価の工夫

　本実践において「子どもの育ち」をとらえるために授業前と授業後に同内容の質問紙を配布し，評価を行った。以下，診断的評価と総括的評価の見取りの結果を示す。

　診断的評価では，予算を決めるときに大切だと思うことについて「必要だと思う費用より多めに用意する」「支出と収入を均等にすべき」といった記述が多く見られた。そのため，授業内で日本財政において借金が膨れ上がっていることを揺さぶりとして活用することが有効に働いた。一方，総括的評価では，同じ項目に対して次のような記述が見られた。「私たちも本当にその予算でいいのかを考えるべきだ」「公平も大切だけど優先すべきことも考えるべきだ」など，授業のねらいを達成した意見も多く見られた。また，ねらいを越えた意見もあり，今後の同事例の改善につなげていく必要があろう。

　このように専門家と連携し教室と社会をつなぎながら，学習者に選択・判断を迫ることを積み重ねることによって，社会参加の素地が醸成される。

（川向　雄大）

実践のポイント

　本実践の特徴は「財政について考えさせていること」にある。

　小学校で財政に触れることは稀である。お金については，さまざまなところで触れる機会があるが，財政となるとそうではない。しかし，財政に触れることは重要である。子どもの現実的な提案を生み出せるからである。

　子どもたちは社会的弱者のことを考えて，非現実的だが理想的な提案をしがちである。しかし，選択・判断，参加は理想論ばかりではどうにもならない。財政を持ち出し，事実に即して考えることの大切さに気づかせたい。

（唐木　清志）

第3章

「見方・考え方」を鍛える
社会科授業デザイン　中学校編

オーストラリアが多文化社会の実現を選んだ背景をラテンアメリカの文化との比較で理解する地理的分野の授業づくり

中学校第1学年　地理的分野
「世界の諸地域―オセアニア州―」

1　子どもと社会をつなぐ授業をつくるポイント

　子どもたちにとって社会科の授業で取り扱われるオーストラリアが目指してきた「多文化社会」というキーワードは，「さまざまな文化的特徴を有する民族が，お互い多様性を尊重し平等に共存していく社会」という意味とともに覚えておく単なる語句として取り扱われがちである。しかし，なぜオーストラリアがそのような社会を目指したのかを理解することは，一つの国家が国内の事情だけではなく，建国以前より続いてきたイギリスとの関係と，新たに生まれてきたアジア諸国との関係という複雑な国際関係の中から生まれたことにつながっていく。国際関係の中から国内政策を立案・実行するオーストラリアの態度を理解することは，我が国の今後を見通す確かな力を養うことにつながると考えられる。現在，日本では多くの国にルーツをもつ人々が生活している。その日常を適切にとらえる視点を獲得していくことは，子どもたちが社会で生活する上で必要なことである。

　そのためには，段階的な問いによる授業構成が重要である。まず，白豪主義は「いつ始まり，いつ終わったか？」「制度の目的はどのようなものであったのか？」「なぜ，終わったのか？」の3つの問いのもと調べ学習を行い，オーストラリアの多文化社会に至る歴史的，国際的背景を子どもたちに把握させる。次に，「なぜ，オーストラリアではラテンアメリカのように文化が融合しなかったのか？」と発問し，なぜオーストラリアでは多文化社会を国家が選択し，ラテンアメリカ地域では文化が融合したのかを個別に考察させた上で班学習につなげることで，多様な視点が生まれるようになる。

2 「見方・考え方」を鍛える教材づくりの視点

01 多文化社会の背景を理解する

　オーストラリアにおいての多文化社会は，建国以来続けられてきた白豪主義からベトナム戦争時の難民の受け入れなどを含めたアジアとのかかわりから生まれてきたという背景をもつ。この背景を理解し，現在の多文化社会について子どもたちの理解を深めるには，地理的分野の学習に加えて歴史的なオーストラリアの移民史と環太平洋の国々とのかかわりを知る必要がある。それは，オーストラリアに白人（アングロ・サクソン系）の移民が来る以前に先住民（アボリジニ）がくらしていたことや，白人の移民が開始され，1973年まで続いた白豪主義による非白人の排除政策の終了までの間に，徐々に非白人系（アジア系）の移民が増加してきたことなどを学習することである。また，本時の目標の一つとして環太平洋の特にアジアとの関係からオーストラリアが多民族のくらす国家として成長し，オーストラリア国内にくらす多様な民族がもつ多様な文化の共存に国家が乗り出したことを理解させることを設定する。

02 ラテンアメリカの文化とオーストラリアの文化の比較

　ラテンアメリカはオーストラリアと同じく先住民がくらす土地に白人が入植してきた背景をもつ。しかし，オーストラリアでは顕著に発生しなかった文化の融合がラテンアメリカ諸国では発生している。カーニバルで親しまれるサンバなど，いくつかのルーツをもつ文化が融合して生まれたものが複数みられるが，オーストラリアでは文化の融合ではなくそれぞれのルーツの尊重を国策とした。この理由について深めることが先に挙げたオーストラリアの多文化社会の背景の理解を深めることにつながっていく。

3 「主体的・対話的で深い学び」を実現する授業デザイン

01 学習形態における工夫

　授業の形態として，一斉指導とペアワーク，そして4人のグループワークを用いる。ペアワークに使用する材料がその前に行う一斉指導であり，調べ学習の結果をもってグループワークに取り組ませることで，調べた知識の定着を図り，最後の発表活動で背景の理解を深めたい。

02 一斉指導だけではなく，一斉指導とペアワーク（調べ学習）

　一斉指導と一斉指導で土台を作ったペアワークの違いは，興味・関心が掻き立てられる可能性の高さである。もちろん熟達した授業者が行う一斉指導によっても興味・関心を育てることは可能であるが，子どもたちの生活の中で，目の前に常にそんな指導者がいる場合は稀である。「自分たちで取り組んだ」あるいは，「自分たちで到達した」という意識を育てることは生活のさまざまなシーンでの興味・関心の伸長につながる。

03 ペアワーク・グループワークを活かす個別学習

　授業の中で個別学習を取り入れる意図は，共同作業をより有効な知識共有の作業とすることであり，4人組で，持ち込まれた個別の意見をまとめ，プレゼンテーションをすることで大集団（学級）での知識の共有を図ることができる。また，このプレゼンテーションの意図は2つあり，1つ目はだれもが気づける視点の確認と，2つ目は多くの子どもが気づかない全く新しい発想を共有することである。

主な学習活動　☆子どもの様子	○教師の支援　□評価の観点
なぜ，オーストラリアではラテンアメリカのように文化が融合しなかったのか？	

1　前時の復習とオーストラリアへの移民出身国の変化の確認。（一斉学習）	○変化の少し前に白豪主義の終了があったことに気づかせる。
☆アジアからの移民がハッキリ増え始めた時期があるな。	○第二次世界大戦後のアジアとオーストラリアの関係についての視点を意識させる。
2　多文化社会へと至る背景の調べ学習。（ペア学習）	
☆オーストラリアが旧宗主国とは別の環太平洋での関係を重視し始めたな。	
3　発問「なぜ，オーストラリアではラテンアメリカのように文化が融合しなかったのか？」について教科書・資料集から考える材料を集める。（個別学習）	○机間巡視を行いながら2つの地域の植民地支配の歴史や第二次世界大戦後の太平洋地域の情勢の変化について意識させる。
☆白人が入植した時期が違うな。	
☆白人の元々住んでいた地域が違うな。	○どの班も気がついた視点と少数の班しか気づけなかった視点を整理する。
☆ベトナム戦争時，ベトナムからオーストラリアへ多くの人が移動しているな。	□ラテンアメリカの方がオーストラリアよりも白人の入植が早かったことと，オーストラリアとアジア諸国の関係について，適切に知識が整理できている。
4　発問に対して学習を開始。ホワイトボードに意見をまとめる。（4人1組の学習）	
5　発表活動による意見共有。	
6　発問に対する答えの個別レポート。	

5 指導展開例

01 ペアワークから個別学習を挟んで4人1組の班活動へ

　ペアワークを通じてオーストラリアの多文化社会に至る歴史的，国際的背景を子どもたちが把握した後，「なぜ，オーストラリアではラテンアメリカのように文化が融合しなかったのか？」と発問する。オーストラリア大陸・ラテンアメリカでは，先住民が抑圧されるという共通する歴史的背景をもちながら，なぜオーストラリアでは多文化社会を国家が選択し，ラテンアメリカ地域では文化が融合したのかを個別で考察させた後，班学習でその考察をまとめさせる。発表において誰もが気づける視点として挙げられるのは，以下の内容と予想する。オーストラリアであれば，「アングロ・サクソン系白人の入植時期」「先住民の減少」「オーストラリア連邦の成立時期」「白豪主義の内容と廃止された理由」などであり，ラテンアメリカであれば，「白人の入植時期」「先住民の減少」「混血が進んできた過程」「融合した文化」などであろう。そして，先に2つ目として挙げた全く新しい発想の共有であり，その視点として挙げられるのは，それぞれの地域に入った白人の違い（アングロ・サクソン系とラテン系）やその入植時期に大きな差があること，オーストラリアと違いラテンアメリカでは白豪主義的な政策が1970年代まで存在していたのか，という点である。

6 授業で使える資料例

オーストラリアとラテンアメリカの文化の比較からわかること （　　）年（　　）組（　　）番 名前（　　　　　　　　　）	◎ 「なぜ，オーストラリアではラテンアメリカのように文化が融合しなかったのか？」について考えてみよう。
◎ 資料「外国生まれのオーストラリア人」からわかることを挙げてみよう。	〈ラテンアメリカの情報〉　　〈オーストラリアの情報〉
◎ オーストラリアで実施されていた白豪主義について次のことをペアで調べよう。	〈ホワイトボードにまとめた情報と各グループの意見〉
「いつ始まり，いつ終わったか？」	「なぜ，オーストラリアではラテンアメリカのように文化が融合しなかったのか？」
「制度の目的はどのようなものであったのか？」	
「なぜ，終わったのか？」	

7 「子どもの育ち」をとらえる評価の工夫

・オーストラリアがアジア諸国とのつながりに重きを置いたこと。
・ラテンアメリカの各人種の文化融合は遥か昔から育まれてきたこと。

　前者を理解していることは国家が国際関係の中から政策を決定することの理解につながり，後者は，ヨーロッパの国々による植民地支配の結果に対する考察の幅を大きく広げ，その多様性の理解につながる。この社会科実践を通して，子どもたちは現代的課題を歴史の流れの中でしっかりととらえ，他の国々との関係を踏まえた上で何が国益となるかを判断できるようになったと考えられる。

（髙岸　康文）

実践のポイント

　本実践の特徴は「多様な学習形態を取り入れた授業展開」にある。

　社会科授業には，一斉学習・小集団学習・個別学習の３つの学習形態がある。それぞれ教育効果が異なり，場面に応じて教師は適宜選択していくことになる。本実践では，この学習形態の導入の仕方に最新の注意を払い，子どもの社会認識を深めている点に特徴がある。

　「対話的な学び」が主流である昨今の社会科授業では，安易に小集団学習を導入するケースが少なくない。ともかく，グループ学習（班学習）をやっておけばそれでよい，という発想である。しかしそのような発想に立った小集団学習では，子どもの学習成果に多くを期待することはできない。一方，本実践では，授業の様子から，小集団学習の役割が明確になっていることがわかる。子どもを選択・判断，参加へと誘う，教師の適切な工夫である。

（唐木　清志）

2 単元をつらぬく問いを立て，探究する地理的分野の授業づくり

中学校第1学年　地理的分野
「世界の諸地域―アフリカ州―」

1 子どもと社会をつなぐ授業をつくるポイント

01 生徒が「単元をつらぬく問い」を立てられる資料提示

　Society5.0に向けて，教育現場は大きな転換期を迎えている。新学習指導要領では，中学校社会科の目標の中に，"課題を追究したり解決したりする活動を通して"公民としての資質・能力の基礎を育成することが明記されるなど，公教育は「探究する学び」へと舵を切った。本稿では，既存の社会科地理的分野の単元構成を基礎として，「探究」のエッセンスを取り入れた実践を提案する。本実践において重要視した点は，生徒自らが「単元をつらぬく問い」を立てることである。そのためには「問題発見を促す資料提示」が肝要であると考え，その視点から本実践では「世界の国の平均寿命」に着目した。

02 「持続可能な社会づくり」の観点から

　生徒は問いに対する解を求める過程で，情報収集，比較・考察，価値判断といった，社会科のアプローチにより，見方・考え方を獲得していく。問題に対する最適解を考え，プレゼンテーションするなど，自らの思考や構想が社会の実情やニーズとつながるオープンな学習課題を用意することは，子どもたちに社会の担い手としての自覚を育む有効な手立ての一つであると考える。本実践では，アフリカ諸国の短い平均寿命について取り上げ，問題解決の策を探究していく学習展開となるよう仕掛けた。問題発見・問題解決の学習プロセスは，「持続可能な社会づくり」の観点からも重要であるといえよう。

2 「見方・考え方」を鍛える教材づくりの視点

01 「生徒につけたい力」を明確に設定する

　昨今，「バックワード・デザイン（逆向き設計）」という言葉が，学校現場に広く浸透してきた。「生徒につけたい力」を明確にし，学びのゴールを設定し，そこから単元計画を組み立てる。本実践では，「**根拠をもって説明する力**」を育むことを主たるねらいとし，その上で次の2つのスキル育成をポイントとした。①**根拠を正しく読み取ること（資料読解スキルの育成）**，②**根拠に基づく論を組み立てること（論理的説明スキルの育成）**である。

　まず①について，その一助となるものとして，教科書の本文および掲載資料の読み取り学習を提案する。本実践の第3時の授業では，「教科書□□ページから，正しいと判断できるものには○を，誤っていると判断できるものには×を，どちらとも判断できないものには△を答えなさい」という指示文と，何例かの短文を載せたワークシートを配付し，4人班で取り組ませる。ここで注視すべきは，"△"の意義である。解答パターンの中に，△，つまり「これらの資料からは，どちらとも判断できないもの」を混ぜることにより，すべての解答にその明確な根拠を見出すよう意識させ，必然的に教科書を"よく読む"ことを促せる。4人班にしたのは，互いの読みのちがいに気づかせるためである。ここでのグループ学習は，あくまでも生徒個人の教材（テキスト）との主体的対話を促すためのものであり，この場面での話し合い活動に重きを置いているわけでは決してない。「つけたい力」が明確であれば，学習形態や活動自体のあるべき意味も明確化される。この場面においては，一人ひとりの生徒が教材とじっくり対話する学びを大切にしたい。

　②について，本稿では，「思考ツールの活用」を提案する。なお，詳しくは，次頁で触れるものとする。

3 「主体的・対話的で深い学び」を実現する授業デザイン

01 単元のゴールをはじめに示す

　本単元の到達目標は，資料から立てた問いに対し，根拠のある意見文を論述することである。そのゴールをはじめに示すことで，生徒たちに学習主体者としての見通しをもたせることができ，生徒たちは各時間の学習活動で，その目標達成のための手掛かりとなる知識や見方・考え方を獲得していく。

02 思考ツール（シンキングツール）の活用

　目的に応じて思考ツールを使うことにより，知識と知識をつなぎ，思考・判断そして表現する力を鍛えていくことができると考えている。本実践では，トゥールミン・モデルを活用する。生徒たちは，主張の根拠となる事実（データ）をインターネットなどで収集し，図式に書き込んでいく。そして適切に理由づけをし，図式をもとに，自身の「根拠に基づく主張」を文章化する。

03 知識の精緻化を促す発問—本実践の授業における発問例—

・カカオの生産国とチョコレートの消費国の違いは？（第2時）

・もしもあなたがコートジボワールの政治家だったら？（第2時）

・資料からエチオピアの人口ピラミッド型を予想しよう（第5時）

4 指導計画（全5時間）

第1時：なぞのランキングから問いを立てよう／アフリカ州の国と自然

第2時：アフリカ州の歴史と産業—コートジボワールを救え！—

第3時：アフリカ諸国の抱える課題と今後の展望①（教科書から）

第4時：アフリカ諸国の抱える課題と今後の展望②（PC教室での調べ学習）

第5時：アフリカ州の人口問題（日本との比較）／意見文論述テスト

5 指導展開例（第1時）

主な学習活動　☆子どもの様子	○教師の支援　□評価の観点
1　なぞのランキングの正体を暴く。 ☆50くらいだけど，何の数値だろう？ ☆調べたら，ぜんぶアフリカ州の国だ！ 2　このランキングから疑問に感じたことを挙げる。 ☆アフリカの国が多いのは，なぜ？ ☆平均寿命の長い国と短い国では，いったい何が違うのだろう？ 3　出た疑問に対する答えを班で予想し，ワークシートに記入する。 ☆平均寿命が短いのは，医療技術が進歩していないからではないだろうか。 ☆日本は高齢化しているから平均寿命が長いけれど，もしかするとアフリカ諸国は高齢化していないのかも。 4　アフリカ州の国の位置や自然地形を地図帳で調べ，ワークシートに記入する。 5　一枚ポートフォリオ評価（OPPA）シートに，本時の授業で気づいたことや考えたことを記入する。	○4人班に1枚ずつ，資料プリント〈平均寿命の短い国ランキング（タイトルを伏せて）〉を配付する。 ○ヒントカード〈平均寿命の長い国ランキング（タイトルを伏せて）〉を示したり，地図帳で国の場所を探すよう指示したりして，生徒の気づきを促す。 ○ヒントカードの　X　には，日本が入ることを確認する。 ○生徒の気づきに応じ，世界の平均寿命ランキングの下位20か国がすべてアフリカ州の国であることを伝える。 ○生徒の出した疑問を黒板で共有する。  写真1　生徒の問い（実際の授業の板書より） □一枚ポートフォリオ評価（OPPA）シートに書かれた内容には，チェック時にコメントを加え，生徒一人ひとりの学習成果のフィードバックを促す。 □授業プリントの自主学習欄から，社会的事象への関心・意欲・態度を見取る。

6　授業で使える資料例（提示資料及び授業プリントより）

（2018年発表 WHO 資料より筆者作成）

順位	国名	数値
1	レソト	52.9
2	中央アフリカ	53.0
3	シエラレオネ	53.1
4	チャド	54.3
5	コートジボワール	54.6

表1　平均寿命下位5か国

順位	国名	数値
1	X	84.2
2	スイス	83.3
3	スペイン	83.1
4	オーストラリア	82.9
5	フランス	82.9

表2　平均寿命上位5か国

　Xには日本が入る。授業では，タイトルを伏せ，「何のランキングか」を予想させるクイズ形式で生徒に示す。表1は「問題発見の資料」として，表2は考えるためのヒントカードとして活用。

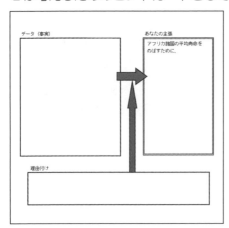

図1　トゥールミン・モデル

筆者作成ワークシートより抜粋
論理的主張のための思考ツール。本実践では，第4時の授業で活用した。

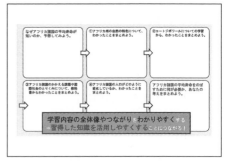

図2　OPPA シート（活用例）

一枚のポートフォリオ評価（OPPA）
シートの活用により，各生徒の各時間の学びがそれぞれに積み重ねられ，知識の精緻化を促せるものと考える。得た知識を活用できるものにしていくための仕掛けである。

7 「子どもの育ち」をとらえる評価の工夫

01 観点別確認テストを実施する 〈本単元では，意見文論述テストを実施〉

> 僕はアフリカ諸国の平均寿命をのばすために，他地域の国からの食料の支援が必要だと思います。理由は，アフリカの５才未満の子どもの死亡の半分以上に栄養不良が関係していて，アフリカでは食料が足りていません。一方，世界中で廃棄される食料はとても多いので，その廃棄される分の食料をアフリカに送れば，食料は十分足りると思うからです。

> 私はアフリカ諸国の平均寿命をのばすために，アメリカなどの先進国から，農業などの食料を生産する仕事を教えてもらうべきだと思います。アフリカでは，食料不足が問題になっています。食料がないと，体はだんだん弱っていき，病気になって，いずれは死んでしまうかもしれません。食料がないと，その無限ループは改善されないままです。でも，農業などが広まったら，それは改善できると思います。それでできた農作物などを輸出したりすると，お金が入ります。はじめはわずかな金額でも，続ければ医療機関を整えることもできます。

　上は，「アフリカ諸国の平均寿命をのばすためにすべきこと」について，トゥールミン・モデルに図式化したものをもとに論述した生徒の意見文の実例である。このように，はじめに設定した「つけたい力」（根拠をもって説明する力）を発揮する学習機会を授業の中に設定する。思考ツールを活用した論の組み立てを行うことで，学年のほとんどの生徒が自身の主張の論拠を示して，200字程度の意見文を記述することができた。　　　　　（宮本　一輝）

実践のポイント

　本実践の特徴は「**授業に単元を貫く問いを位置づけること**」にある。
　本実践のユニークな点は，「**単元のゴールをはじめに示す**」という点にある。本実践の場合，その問いは「なぜアフリカ諸国の寿命が短いのか」である。この工夫により，子どもの継続的な探究が保証される。そうすることで，選択・判断が繰り返され，社会参加に必要な資質・能力が高められていく。　　　　　　　　　　　　　　　（唐木　清志）

3 貨幣経済の発達を，自分たちの生活と関連づけて理解する歴史的分野の授業づくり

中学校第1学年　歴史的分野
「中世の経済と生活」

1 子どもと社会をつなぐ授業をつくるポイント

　ふだん歴史の授業を行っていると，教科書の見開きページを教えることに慣れてしまい，なぜその内容を教えるのかを教師自身が考えなくなることが多い。その結果，子どもたちは歴史的事象とかかわりをもてず，学ぶ意味を感じなくなる。21世紀社会に求められる資質・能力を育成するために，新学習指導要領は，社会とのかかわりを意識して課題を追究したり解決したりする活動を充実させることを求めている。主権者を育成する社会科として歴史の授業を行うために，現代に生きる私たちの生活とのかかわりを実感させる授業を構想することが必要である。歴史の学習を私たちの社会とかかわらせながら，調査・議論・発表などの主体的な活動を取り入れることによって，社会参加としての歴史学習を志向することとなる。

　本単元は，新学習指導要領の中項目「中世の日本」にかかわるものである。東アジアにおける交流，技術面の進歩による農業や商工業の発達，商品流通の活発化などに着目して，中世の社会の変化の様子を多面的・多角的に考察し，表現することが求められる。そこで，本単元では，現代に生きる私たちの生活とのかかわりを実感させながら理解できるようにするために，貨幣の流通を取り上げる。中世の人々の生活と社会経済に関心をもち，農業技術による農業生産力の増大や商業の発達などを通じて，職業の多様化及び貨幣経済が発達したことで，中世の人々の生活が大きく変化したことを理解させるものである。歴史を経済の視点から追究することで，私たちの生活の中で貨幣がどのような役割を果たしているのかを考える機会としたい。

2 「見方・考え方」を鍛える教材づくりの視点

01 私たちの生活とのかかわりを実感させる授業づくり

　私たちの生活の中で，貨幣（お金）は存在していることが当たり前のものであり，なくてはならないものである。また子どもにとって貨幣は，身近で興味のある教材である。歴史の授業で，貨幣の使用を教材として扱うことはおもしろい。

　しかし歴史的にみると，飛鳥時代・奈良時代に朝廷から発行された富本銭や和同開珎といった有名な貨幣は，その時代で民衆に広く使用されることはなかった。つまり，貨幣はもともと使用されていなかったものである。そのため，鎌倉時代までの日本社会では，年貢に用いられて流通量の多い米や絹布などが，事実上の貨幣として使用されることがあり，土地や家屋の対価は米で支払われることが多かった。平安時代の朝廷の財政も，銭によることなく運営されていた。その一方で，鎌倉時代を通じて，当初朝廷がその流通を止めようとしたにもかかわらず，支払いの主な手段が米・絹布から銅銭へと，だんだんと移っていった。

02 貨幣経済の浸透

　中世の社会経済において注目すべき点が，貨幣経済の浸透である。日本は宋銭を輸入していたが，都市はもちろん，農村でも荘園の貢納に貨幣が使用されるようになった。貨幣経済の浸透には，鎌倉時代の手工業の発達が背景として存在する。手工業ははじめ農民の副業として行われていた。荘園内の農民は桑・麻・楮・漆などを生産し，公事として生糸や絹糸，真綿，麻布などを納めていた。しかし農業生産力の向上によって，手工業品を大量に生産できるようになり，定期市などで売る商品とすることができた。この過程で貨幣が都市をはじめ農村にも流通しはじめたのである。

3 「主体的・対話的で深い学び」を実現する授業デザイン

　本単元の目標は，東アジアにおける交易関係の発展と，中世の日本における人々の生活について理解することである。「主体的・対話的で深い学び」を実現するために，自分たちの生活と関連づけて，中世の人々の生活と社会経済に関心をもち，中世における職業の多様化と諸産業の発達及び諸産業と貨幣経済の発達との関係について，議論し，自分やグループの意見を述べることを目指す。

4 指導計画（全5時間）

区分	テーマ	授業の目標
第1時	なぜ権力者は宋や明と貿易をしたか	平清盛の日宋貿易や足利義満の日明貿易（勘合貿易）といった権力者によって行われた貿易の目的を理解する。
第2時	琉球やアイヌの人たちはどんな生活を送っていたのだろう	宋や明を中心とした東アジアの経済体制の中における琉球王国の繁栄，十三湊との交易関係からアイヌの繁栄を理解する。
第3時	人々の日常生活にせまってみよう	中世（主に鎌倉時代）における武士の質素な生活や農業技術の発展，商品作物の栽培について理解する。
第4時（本時）	なぜ銅銭が流通するようになったか	なぜ銅銭が使用されるようになったのかを考察する活動を通じて，中世における貨幣経済の進展を理解する。
第5時	さかんになる交通	貨幣経済の進展による金融活動の発達，都市や特産物の生まれによる地方産業の活性化と遠隔地取引について理解する。

主な学習活動　☆子どもの様子	○教師の支援　□評価の観点
1　『七十一番職人歌合絵巻』を見て，それぞれどんな職業であるか考える。 ☆室町時代の畿内ではさまざまな手工業者が登場したことに気づく。	○スクリーンに絵巻から「機織り」「鎧師」「鍛冶」「檜物師」「大鋸ひき」などを提示し，その職種を問う。 □都市ではさまざまな職業が生まれたことに気づくか。
2　中世に生きる人々の生活を理解するための基礎情報を調べる。	○前時の授業内容である中世の農業技術の発展を想起させる。
3　プリントの文を読んで，貨幣の使用に関する歴史をまとめる。 ☆中世でなぜ銅銭が流通したか疑問。	○プリントの文を読ませる。空欄にまとめさせる。

なぜ銅銭が流通するようになったのだろう？

4　グループ（3～4人）で話し合う。 ☆中世の日本では，中国からもたらされた銅銭が流通した。 ☆貨幣経済の進展で自給自足の農作業から商いで生活できるようになった。 ☆貨幣がなければ自分が欲しいものを手に入れることができない。	○グループごとに異なる資料を配布。 ①中世の日本で使われた銅銭はどうやって作られたか？ ②なぜ多様な職種が登場したのか？ ③銅銭がないとどんなことに困るか？ ④どのような農業の変化があったか？ ⑤海外との貿易を考え，貨幣の役割は？
5　黒板に各グループの考えを模造紙で示したものを，クラス全体で共有する。	□農業技術の進展による商品作物の生産増加と手工業の発達で貨幣経済が進展したことを説明できているか。
6　私たちの生活の中で貨幣がどのような役割を果たしているかを考える。	□現代社会における貨幣の役割を説明できるか。

6 授業で使える資料例

【七十一番職人歌合絵巻】（写真は省略）

> 　生産力の上昇によって，みずから食料をつくらずにすむ人々が増えたこともあり，室町時代には職人の種類が飛躍的に増加しました。16世紀初めの絵巻物には，鍛冶屋や結桶師など100種類以上の職人の姿がえがかれています。
>
> 　　　　　（『社会科　中学生の歴史』帝国書院，平成27年検定済，p.74）

【物々交換の限界】

> 「欲求の二重の一致」
> 　ある心臓外科医が新しい冷蔵庫を買おうとしている。その医師は心臓手術という価値あるサービスを提供できる。一方，電気店のオーナーは冷蔵庫などの電化製品といった価値ある財を提供できる。だが，この2人が貨幣を使わずに直接サービスと財を物々交換することはとても困難だろう。物々交換というシステムでは，この医師が冷蔵庫を手に入れられるのは，電気店のオーナーが心臓手術を必要としていて，かつその医師が冷蔵庫を欲しがっているときだけだからだ。
>
> 　　　　（ポール・クルーグマン著，大山道広訳『グルーグマンマクロ経済学』
> 　　　　東洋経済新報社，2009，p.374を一部変更）

7 「子どもの育ち」をとらえる評価の工夫

本単元の評価として，ペーパーテストの問題例を示す。

問1　中世に使用された銅銭について述べた文として間違ったものを1
　　つ選び，記号で答えなさい。

ア．中世では強力な武家政権として幕府が貨幣を鋳造した。**答え**

イ．中世では中国から輸入した宋銭や明銭が，貨幣として流通した。

ウ．中国の銭を持っていれば，日本だけでなくアジアのどこに行っても
　　物を買うことができた。

エ．農民は寺社の門前や交通の要地で開かれる定期市で農作物を売った
　　り，農具や衣料品などの日常生活用品を買ったりするようになった。

問2　中世に銅銭が使われるようになった理由を「農業技術の向上」と
　　「商品作物」という語を用いて説明しなさい。

（田中　大雅）

実践のポイント

　本実践の特徴は「子どもに身近な題材を教材化していること」にある。
ほぼ毎日，われわれはお金に触れる。電子マネーがずいぶんと一般化
してきたが，それでもまだまだ日本は紙幣と硬貨のお金に頼っている。
つまり，お金は子どもにとって身近である。ここを切り口に，歴史学習
を展開している点が，本実践のユニークな点である。

　地理や公民であれば，子どもの関心を引きやすい身近な教材を用意す
ることができる。しかし，歴史はなかなかそうはいかない。歴史を身近
に感じることができなければ，学んだことを生活や社会に生かそうとす
る意欲も生まれてこない。歴史を過去のことで終わらせてはならないの
である。

（唐木　清志）

4 問いの積み重ねと，単元を貫く課題の設定による，社会とのかかわりを意識した歴史的分野の授業づくり

1 子どもと社会をつなぐ授業をつくるポイント

　歴史の授業は，現代と時間の隔たりが大きいためか，「昔のことを知って自分のためになるの？」と聞いてくる子どもが多い。ためにならない学習内容などなく，すべての歴史の積み重ねが現代の生活に関連していることを，指導者は知っている。"歴史好きな"子どもはその関連を理解しているからこそ，歴史を学ぶ意義や面白さを感じているはずだ。多くの子どもが歴史に興味関心をもち，主体的に学ぶには，学習内容を現代の生活に関連づけ，より自分のこととして感じられるリアルな学習になるように，指導者が意識して単元計画や授業デザインを行う必要がある。

　新学習指導要領は，子どもが身につけるべき資質・能力を育成するために，「単元や題材など内容や時間のまとまりを見通しながら，子どもの主体的・対話的で深い学びの実現に向けた授業改善を行うこと」が重要であると述べている。知識の構造化と子どもによる主体的な思考・判断・表現としての学習過程を成立させることが，これからの授業構成の原則となる。

　以上のことを踏まえ，単元計画，授業デザインの改善を図っていくと，教科書の見開き2ページを授業1回ととらえて，順番通りに進むのではなく，何らかの現代の生活への関連を意識した単元全体を貫く課題や発問を設定し，一貫性のある単元計画を立てたい。単元内の各授業では，大きな課題に向けての小さな課題を設定し，これを積み重ねて最終的に単元全体の課題を探究できるようにする。これにより，歴史のさまざまな事象や流れが自分のこととしてとらえられ，子どもが社会とつながるきっかけになる。

2 「見方・考え方」を鍛える教材づくりの視点

01 単元全体を貫く学習課題を設定した単元計画

　今回は一つの例として中世の「武家政権の成立と発展」を取りあげた。平安時代から鎌倉時代への大きな歴史のターニングポイントである。教科書通りであると，平清盛の政治の始まりから，鎌倉幕府の成立，しくみ，鎌倉時代の文化……と続くが，これらを"単元全体を貫く課題"として「人々が求めた理想の政治とはなんだろうか？」と設定し，単元計画を再構築した。設定した5時間では，それぞれの目標と中心となる発問を作り，その積み重ねを毎時間に行うことで6時間目の全体の課題の検討につなげる。

02 自分たちの生活とのかかわりを実感させる課題，発問づくり

　歴史を学ぶ中で，私たちの生活とのかかわりを実感するのは，昔に起きた事件や出来事，情勢に対するその時代の政治家や庶民の判断や行動を"知った"時，「最近も似たような事が起きている。昔も今も同じなのだ」と感じる時ではないだろうか。それを活かすことで，現代の問題についてよりよい判断を行うことができるようになる。単元を貫く課題の設定では，「人々が求めた理想の政治とはなんだろうか？」と，今回のように現代の課題につながることを意識している。

3 「主体的・対話的で深い学び」を実現する授業デザイン

　本単元は，朝廷の権力が，武家に移行していく過程であり，鎌倉幕府の成立，南北朝の動乱，室町幕府の成立などの歴史の流れを通じて，当時の人々が武家政権をいかに望み，容認していったかを考えさせたい。授業では，生徒が各中心発問に主体的に取り組めるように，資料を充実化し，また当時の政治家や民衆など各立場に立って考えさせる時間を設けることで，課題を多面的・多角的に検証することに慣れるように工夫している。

4 指導計画（全6時間）

区分	授業内容および各授業の中心発問と目標
第1時	**内容**：朝廷と結びつく武士　**発問**：平清盛が目指した社会とは？ **目標**：武士勢力がどのように大きな権力を築けたか，朝廷と平清盛の関係を中心に考える。
第2時	**内容**：鎌倉を中心とした武家政権　**発問**：いざ鎌倉，なぜ鎌倉？ **目標**：源氏と平氏の戦いと源氏の勢力拡大と幕府の特徴について理解する。
第3時	**内容**：承久の乱　**発問**：後鳥羽上皇側が勝利したら世の中は？ **目標**：承久の乱の争点と，本当の武家政権の誕生といわれる理由を探る。
第4時 （本時）	**内容**：海をこえてせまる元軍　**発問**：幕府を滅ぼしたのはだれだ？ **目標**：幕府と元の戦いと，幕府が滅亡へ進む原因と武家社会の構造の変化を理解する。
第5時	**内容**：南北朝の内乱と新たな幕府　**発問**：後醍醐天皇の失敗とは何か？ **目標**：建武の新政の失敗と，朝廷が並び立つ状況の特殊性について考える。
第6時	単元を貫く課題：「人々が求めた理想の政治とはなんだろうか？」

5　指導展開例（第4時）

主な学習活動　☆子どもの様子	○教師の支援　□評価の観点
1　『蒙古襲来絵詞』を見て，気づいたことを発表する。（一斉活動） ☆「てつはう」って何だろう。	○戦い方の違いに注目させる。 　→御家人はどう感じたか？
2　モンゴル帝国の拡大と蒙古襲来について，基礎的な知識を整理する。（個人活動） ☆ヨーロッパまで広がっていたんだね。	○モンゴルがヨーロッパまで拡大していたことに注目。
3　御家人（竹崎季長），幕府（北条時宗），元（フビライ），高麗（朝鮮）の人々のそれぞれの立場を4人班で分担し，それぞれの立場から蒙古襲来について考察する。 （グループ活動） ☆高麗も元軍に加わっていたんだね。 ☆御家人は誰のために戦っているかな。	○座席表で役割分担させる。 ○4つの立場の資料をそれぞれ用意しておく。
4　4つの立場から見た蒙古襲来についてグループで共有する。 幕府を滅ぼしたのはだれだ？ 5　幕府を滅ぼしたのはだれかについて，グループで4つの候補から一つ選び，理由を考える。 ☆元軍ではなくて幕府の方針が原因。 ☆御家人の忠誠心の減少が原因。 6　授業で考えた鎌倉幕府が滅びた理由についてまとめる。	□自分の役割の資料を読み，他の立場の意見を参考にしながら，東アジアの情勢変化と蒙古襲来の関連をまとめることができる。 【資料活用の技能】 □幕府が滅びた原因は何だったのか，話し合いで出た意見を具体的に比較して，自分の意見を考え，理由を明確にしてまとめることができる。 【思考・判断・表現】

6 授業で使える資料例

　さまざまな発問を作成する上で，生徒に示す資料をつくることは毎回苦心するところである。教材研究の多くの部分を資料探し，資料作成に費やすことになる。特に最近は，常識とされてきた歴史の解釈に多くの疑問符がつき，新説も多く出てきているので，これらのニュースにも敏感になりたい。今単元では，鎌倉幕府の成立の時期や，承久の乱についての新しい解釈がある。

　また，歴史の検証のために資料の原典にあたるのは当然であるが，資料の解読や意味を分析することが中学校の社会科授業にいつでも求められているわけではないので，ある程度現代語訳や解釈が定まっているものを資料として使用する方がいい。負担が少ない使用例を下記に提案する。

・大学入試などで使用される頻出の資料（原典を現代仮名遣いにして意味も書いてある）をまとめた資料集。用語集。

・多くある中学生向け，高校生向けの資料集から適切な部分を抜き出して再編集（著作権に注意）。

・NHK for School などの豊富な映像コンテンツ（著作権フリーのもの）
　例）クリップ（短時間映像）：高校生向け。短く，要点を押さえている。

・各省庁から発表されている豊富な資料（HP を参照，許諾が必要か確認）
　例）環境省「こども環境白書」：子ども向けであるが，正確でわかりやすい工夫がある。

評価についての例を示す。さまざまなものを試みている。

・単元を貫く課題について自由にまとめたノート（見開き２ページ分）を提出し，内容を評価する。

・単元の最後の時間に，ワークシート上で発問「武家政権はどのように成立したか」を提示し，時間を指定（15分）して文章表記でまとめる。評価指標としてA〜Cの３段階のルーブリックをあらかじめ示し，評価する。

・単元の最後の時間に，ワークシート上でパフォーマンス課題として「なぜ武士が朝廷をしのいで政権を握ることができたのか」を提示し，レポートを作成して提出する。評価指標としてA〜Cの３段階でルーブリックを示し，評価する。

・ワークシートとは別に，単元全体のポートフォリオを提示して，毎時間ごとにわかったことは何か，疑問点は何かなどを書いて単元終了後に提出する。単元の中で子どもが何を学習し，理解を深めたかを評価する。

（堀口　健太郎）

実践のポイント

　本実践の特徴は「問いを連続させる歴史授業の構想」にある。

　実践者は「問い」から，単元を構想している。まず１時間ごとの個別な問いを設け，子どもに探究させる。その上で，単元を貫く問い「人々が求めた理想の政治とはなんだろうか？」を設け，単元の最後に子どもに考えさせる。

　問いを連続させることは，社会参加の基本である。社会的課題の解決に向けて社会参加するが，そこに至るまでには多くの問いを設定し，その解決が求められる。本実践において，子どもはこの手続きを学んでいるのである。

（唐木　清志）

「景観」に込められた人々の意図を読み解く地理的分野の授業づくり

1 子どもと社会をつなぐ授業をつくるポイント

　「景観」は社会科としてどのようにとらえられるか。街の景観は子どもの眼前に存在する具体物であると同時に，さまざまな人々の意思決定の積み重ねの結果でもある。子どもにとっての景観は，そこにあるものとしての既知の存在であると同時に，自分たちの知らない何らかの理由・経緯によって形作られた未知の存在という2つの性質を併せもつものでもある。そのため，子どもと景観（社会）は既に結び付きをもちつつも，そこに理由や経緯といった社会的な意味までもが付帯しているとは限らず，その結び付きは決して強くはないのである。

　では，どのようにすれば子どもは，景観が社会的な意味をもつことに気づくようになるのだろうか。地理的分野の学習において，ある地域について取り扱うときに，その地域の地理的特徴がよく表れた景観の写真などを提示し，「なぜこのような景観になっているのか」と問うことで，景観が形作られた背景を考えさせることができる。このような問いによって，景観に社会的な意味が生まれるが，それだけで子どもと景観（社会）が結び付いているとはいえない。この段階では子どもは観察者としての視点でその景観を読み解いているだけだからである。観察者を超えて，その景観を形作る当事者としての意見がもてるように授業を構成することで，子どもと社会のつながりは強くなると考えられる。

2 「見方・考え方」を鍛える教材づくりの視点

01 景観を題材にした学習の論点

　本実践では，古くからの遺跡や街並みが数多く見られる近畿地方の景観を取り扱う。近畿地方に見られる景観について大まかに説明するためには，①近畿地方は古くから日本の政治・経済・文化の中心地であったこと，②京都市の景観条例などの取り組みによって景観を維持するための取り組みが行われていること，の２点を理解できていればよい。さらに学習を深めるには，そもそもの景観問題にかかわる論点を整理しなくてはならない。景観の保持に必要なコスト，コストの負担者，リスク，地域に住む人々の願い，観光客の存在などが論点となる。学習過程を組織するにあたって，まずどのような論点が存在するかを整理・吟味し，発問などによって子どもがそれらの論点について考えられるように学習を組織しなくてはならない。

02 教材のローカライズ

　教科書で近畿地方の景観について扱われる場合，京都の街並みとその取り組みが取り上げられる。京都に住む子どもにとっては，それを地域の問題として考えることができるが，その他の地域では当事者性をもちにくい。そこで，近畿地方の街並みについての学習を行った後に，自分たちの住む地域の景観について同様に考える時間を設定する。ここで取り上げる地域の景観の選定にあたっては，前項で述べたいくつかの論点を含むものが望ましい。本実践では，大阪府堺市の大仙陵古墳周辺の地域を取り上げる。大仙陵古墳周辺では，市の都市計画により高さ15m以上の建物の建造が制限されるなどの取り組みが行われている。大仙陵古墳は百舌鳥・古市古墳群の構成遺産として世界文化遺産に登録され，遺産としての性質だけでなく，観光資源としての性質もあることを，子どもに注目させるよう授業を構成していく。

3 「主体的・対話的で深い学び」を実現する授業デザイン

01 本実践のねらい

　本実践では，地域の景観問題という社会に存在する葛藤問題を取り上げ，その問題に対して自分なりの1つの解決策を考えさせる。伝統文化と利便性はときに衝突する。重要なのは，「保存か，開発か」と，いずれか1つの策を選ぶことではない。景観の維持を目指しても，利便性の向上を目指しても，必ずメリット・デメリットの両方がある。それらのメリット・デメリットのもつ切実性を理解することが必要なのである。このような過程を授業の中で組織することで，学習者である子どもたちが日ごろ目にする景観を，「だれかが作ったそこにあるもの」という単純な見方から，「何らかの目的をもって作られた，意思決定の産物」という見方へと昇華し，「景観とは目的に応じて作り替えていくべきものであり，その主体は自分たちである」という認識へと至らせることが最大のねらいである。

02 本実践の改善の視点・工夫

　前項のねらいに即した授業を行う上でのポイントは，どのような景観を取り扱うかということにある。景観が意思決定の産物であるならば，最初に扱う景観はその意思決定がはっきりと表れたものであった方が学習者にとって，その景観に込められた意図を分析しやすいだろう。そのような景観を扱って，景観と意図の関係について考える経験を得たのち，今度は，自分たちが実際に形成に携わる可能性のある景観を教材として用いる。このような考えのもと，本実践では，導入に京都を象徴事例として取り上げ，後に，地元の景観を取り扱う二段階構成とした。

　また，単に「保存か，開発か」で終わらぬよう，授業の展開にあたっては，街にかかわるさまざまな人の立場を意識させることで，景観にかかわる問題に切実性をもたせるようにした。

4 指導計画

主な学習活動　☆子どもの様子	○教師の支援　□評価の観点
1　企業がもつイメージカラーについて考える。 ☆国旗と似たものもあるな。	○コンビニエンスストアの看板に使われる色を示し，何を表しているかを問う。
2　外国人観光客に人気の観光スポットがどのような場所かを考える。 ☆外国の人は日本の伝統的なものや景色に興味があるのではないか。	○京都にあるいくつかの観光地を提示し，グループで課題に取り組ませる。 □人気の観光スポットにみられる共通点に気づくことができるか。
3　京都で街並みを守るための景観政策が行われていることを知る。	○京都市が示す「新景観政策」の概要を提示する。
4　なぜ，街並みを守る景観政策が行われているのかを考える。 ☆街に住んでいる人が伝統的な街を残したいと思っているから。 ☆古い街並みを残した方が多くの観光客が来るから。	○京都の街にかかわるさまざまな立場（住民・観光客など）を意識させて，それぞれの立場ならどう考えるか，という視点で考えさせる。 □さまざまな人の立場を意識して意見をもっているか。
5　大仙陵古墳周辺で行われている景観政策の是非を考える。 ☆観光資源として活用するためにも景観政策は必要だと思う。	○2019年に世界文化遺産に登録されたことや，古墳を見下ろせるような高い建物が建てられないことなどを踏まえて考えさせる。 □複数の理由から景観政策の是非を判断しているか。

5 　指導展開例

　授業の導入として，学習者にとって身近なコンビニエンスストアの看板を取り上げる。ここで，「なぜ，このような色遣いになっているのか」という学習課題をつかませる。

　次に，このような景観政策の目的を考えさせていく。この際に，京都を訪れる外国人観光客に人気の観光地をクイズ形式で紹介する活動を通すことで，京都という街に対してのイメージを言語化させる。ここからさらに，「景観政策を行うことによるデメリットはないか」と問うことで，「宣伝効果が下がるのではないか」「通常の広告よりも余計に費用がかかるのではないか」といった意見が出てくる。ここで，京都市が示す街づくりの方針や方針に適する広告に補助金を出している現状を示し，市が積極的にこのような街づくりをすすめ，それをコンビニエンスストアなどの企業が受け入れている現状を知る。ここで改めて，「（先に挙げたデメリットがあるにもかかわらず）なぜ，このような配慮が行われているのか」と再度問い，京都で住民や企業が一体となって魅力ある街づくりを行っている現状に気づかせる。

　京都という事例について学習した後に，自分たちにとって身近な堺の大仙陵古墳周辺の事例を取り上げることで，コストや制限をかけて京都のような街づくりを行っていくべきかどうかを考えさせる。大仙陵古墳周辺では，周辺の建物の高さを制限するなどの景観政策が行われている。それらは景観を守る一方で，開発などに制限をかける。京都とは異なる，大仙陵古墳という身近な事例を通して，景観政策の是非を考える。

6 　授業で使える資料例

・京都市ホームページ「京都の景観に関する例規集」
・堺市ホームページ「堺市景観計画」

7 「子どもの育ち」をとらえる評価の工夫

　本実践の最後に「大仙陵古墳の周辺は，高さ15m以上の建物を建ててはならないと堺市によって決められている。この決まりに賛成か反対か？」と問うた。この問いに対しての子どもの解答をいくつか紹介する。

・決まりに反対。大仙陵古墳を見に来た観光客のための宿泊施設を充実させれば多くの観光客が見込めるのではないか。

・決まりに賛成。世界遺産に選ばれたものだから，古墳を目立たせた方がいいと思った。

・決まりに賛成。天皇のお墓であるので高い建物を建てると，上から見下ろすような形になってしまうのはよくない。

・決まりに反対。上空から見える古墳が見やすいし，形がはっきりして海外などの人が「これが古墳か」とすぐにわかるから。

(鱧谷　潤平)

実践のポイント

　本実践の特徴は「社会に存在する葛藤問題の教材化」にある。

　本実践では葛藤教材として，地域の景観政策を取り上げる。このタイプの授業は，「保存か，開発か」といったディベート的な授業として実施されるのが一般的である。しかし，本実践ではそのような授業スタイルを選択しない。「景観」とは何かを，子どもに常に考えさせようとしている。

　選択・判断を大切にした社会科授業では，議論を急ぐあまり，題材のキーとなる概念をしっかりととらえさせたり，それを意識させながら議論に参加させたりすることを疎かにするケースが多い。概念も一つの見方・考え方であろう。これは地理に限らず，社会科すべてにいえることである。

(唐木　清志)

自分自身と社会とのかかわり方を考える歴史的分野の授業づくり

1 子どもと社会をつなぐ授業をつくるポイント

　昨今，若年層の投票率の低下が問題になっている。「我が国と諸外国の若者の意識に関する調査」（平成30年度）で「あなたは，今の自国の政治にどのくらい関心がありますか」という質問に対し，「関心がある」と答えた割合は43.5%。これは，同様の調査を行った7カ国，すなわち，ドイツ（70.6%），アメリカ（64.9%），イギリス（58.9%），フランス（57.5%），スウェーデン（57.1%），韓国（53.9%）と比較して，低い数値になっている。ところが，同調査で「社会のことは複雑で私は関与したくない」という質問に対して「そう思う」36.6%，「そう思わない」48.0%という結果だった。この違いは何だろう。

　ここでいう政治とは主に国政を指しており，自分自身とのかかわりが感じられにくい。若者の興味関心が高い分野といったら友人関係やお金（仕事・経済等）であり，自分にかかわりのあること，ダイレクトに影響を被ることである。自分が投じた一票で，国政が変わるとは思えない若者は，社会に関心を寄せてはいるが，政治にかかわるつもりはないのだろう。しかし，自分自身と政治には密接なかかわりがあり，無関心でいると，いつのまにか大きな損害を被っていたり，逆に誰かに害を与えていたりすることがある。

　そこで，自分自身と社会とのかかわり方を考えるために，「ホロコーストにかかわった人々―もし，自分がホロコーストが起こった時代にいたら？―」の授業を提案する。

　子どもに自分の行動が社会とどのようなかかわりをもつのか考えさせるために，第二次世界大戦時のヨーロッパで起こったユダヤ人大虐殺「ホロコースト」を題材として取り上げる。第一次世界大戦の敗戦後，ベルサイユ体制の下，ドイツでは不安定な時代が続いた。植民地を失い，多額の賠償金を支払わなくてはならない中，追い打ちをかけるように世界恐慌が起こる。ドイツ国内ではハイパーインフレーションが起こり，600万人を超す者が失業した。そのような混乱に乗じて，ヒトラー率いる国家社会主義ドイツ労働者党（通称：ナチ党）が台頭する。1923年のミュンヘン一揆で逮捕されたヒトラーは，この頃からユダヤ人に対する差別的な感情をもっていた。1933年に首相に任命され，ワイマール憲法の人権規定を停止し，全権委任法を強行採決してからは，ユダヤ人排斥を本格的にはじめる。ユダヤ人をゲットーと呼ばれる居住区域に強制的に転居させたり，国外追放したりした。そして，第二次世界大戦がはじまると，ユダヤ人の絶滅を目的に強制収容所が設置され，多くのユダヤ人の命が奪われたのである。

　ところで，ヒトラーが政権を取った1933年の時点では，ドイツ国内のユダヤ人の割合は１％に満たなかった。実際にホロコーストの被害にあったのは，ポーランドなどナチス・ドイツが侵攻したヨーロッパの国々の者が大半だったのだ。そして，実際にホロコーストに加担したのはナチ党員やゲシュタポ，軍人などだけではなく，優性思想を支持した科学者や，ユダヤ人を絶滅収容所へ運んだ鉄道関係者，秘密警察に密告した者，住民票を整理したオフィスワーカーなどである。

　つまり，ホロコーストには，軍部・為政者など一部の者だけではなく，多くの民間人も加担しているのである。ホロコーストは一部の為政者によって行われたのではなく，社会的な差別行為であった。

01 授業のねらい

　本授業ではホロコーストを題材に，子どもたちが自分自身と社会とのかかわり方について考え，自分自身の意見を書くことができるようになることをねらいとした。

　ホロコーストが起きた原因や背景を多面的・多角的な視点から分析し，「もし，自分がホロコーストの起こる時代にいたら，どのような行動を取っただろうか？」と問うことで，自分自身と社会とのかかわり方について考える。その際に，民主主義社会とは完成されたものではなく，このように失敗することもあり，当事者である自分たちが社会参画し，形成していくことが必要だと気づかせたい。

02 内容

　本授業は3時間で構成した。第1時に導入としてホロコーストについて概略を説明し，「なぜ，ユダヤ人を差別し，テロのような行為を行っていたヒトラーが選挙で選ばれたのだろう？」と問うことで，第一次世界大戦後のドイツの政治的・経済的・社会的混乱を分析する。第2時には「ユダヤ人はどのような差別を受けたのだろう？」と問うことで，ヒトラー政権下のユダヤ人差別の法律と，ゲットーや収容所，亡命先でのユダヤ人の生活について学習する。その際，エヴィアン会議など周辺国の対応やユダヤ人を救った「正義の人」にも着目する。第3時には，ホロコーストにかかわったあらゆる立場の人々をモデルケースに挙げ，グループで分析させる。最後に「『殺人』という行為が，社会的に許されてしまう場合，私達はどう行動したらよいのだろうか？　もし，ホロコーストが起こる時代にあなたが存在していたら，あなたはどうしますか？」と問い，自分だったらどうしたのか考えさせ，ワークシートにまとめさせたい。

主な学習活動　☆子どもの様子	○教師の支援　□評価の観点
1　本時の学習課題をつかむ。 ☆どんなゲームだろう。すごろくみたいだぞ。（ユダヤ人出ていけゲーム） 2　本時の学習課題を確認する。 なぜ，ユダヤ人を差別し，テロのような行為を行っていたヒトラーが選挙で選ばれたのだろう？ ☆多数決が最良の選択でもないな。	○ベルサイユ体制と世界恐慌によるドイツの政治的・経済的・社会的混乱について分析する。 □ドイツの政治的・経済的・社会的混乱の原因として，ベルサイユ体制と世界恐慌について触れて説明することができる。
1　本時の学習課題をつかむ。 　アンネの日記の一部を読む。 2　本時の学習課題を確認する。 ユダヤ人はどのような差別を受けたのだろう？ 【次時へつなげる発問】 ホロコーストが起こったのは，だれのせいだろう？	□アンネをはじめとする多くのユダヤ人がどのような事態に追い込まれていたのかがわかる。 □ホロコーストの経緯や実際に手を下した者，救った者，当時の他国の関心について説明することができる。
1　本時の学習課題をつかむ。 ☆ゲットーにデートに行くなんて信じられない。 ☆ホロコーストにかかわった人々について書かれた資料を読む。	○「ゲットーにデートに行く看護師」の話を読み，ドイツ国民がホロコーストをどう考えていたのか，関心をもつ。 □自分自身ならどのようにして，この社会にかかわっていくべきか，考えて，記述することができる。

5 指導展開例

第2時の終盤の発問「ホロコーストが起こったのは，だれのせいだろう？そう考える理由も合わせて答えなさい」では，多くの子どもは「ヒトラーのせい」「親衛隊やヒトラーの側近たちのせい」など，当時の為政者や軍部等がホロコーストの原因であると答える。それを踏まえて，第3時では，当時のドイツをはじめとするヨーロッパの多くの人々はこのような異常な社会現象をどのようにとらえていたのか，さまざまな人々のエピソード資料をもとに考えさせる。実際には，オスカー・シンドラーやヤン・カルスキなどユダヤ人の救済に尽力した人々は少ない。ナチスの思想の根拠となった科学者や，絶滅収容所へ何万人ものユダヤ人を運んだ鉄道職員，絶滅収容所でユダヤ人の遺体から金歯を抜いた歯医者やゲットーに連行されて空き家になったユダヤ人邸宅から財産を奪った隣人などのエピソードを資料にホロコーストが盛んになった理由を考えさせる。ホロコーストが当時の人々の無関心によって，悲惨な事態に陥ったことに気づかせたい。

最後に，自分のこととして考えるために「『殺人』という行為が，社会的に許されてしまう場合，私達はどう行動したらよいのだろうか？ もし，ホロコーストが起こる時代にあなたが存在していたら，あなたはどうしますか？」と問い，自分も社会の構成員である自覚と，責任について考えさせる。

6 授業で使える資料例

1930年代にドイツの子どもたちの間で大流行した「ユダヤ人出ていけゲーム」というものがある。ユダヤ人に対する差別意識が幼い子どもたちにも植え付けられ，その後数々のユダヤ人差別の政策が行われていった。広島県福山市の「ホロコースト記念館」で当時の物が展示されている。

7 「子どもの育ち」をとらえる評価の工夫

本実践において「子どもの育ち」をとらえるために，学習前後のホロコーストに関する認識の調査を行う。具体的には，第2時の最後で「ホロコーストが起こったのは，だれのせいだろう？　そう考える理由も合わせて答えなさい」という発問から考えさせる。単元のはじめにこの調査を行わない理由は，ホロコーストという歴史的事象自体を知らない子どもが多いことが予想されるからだ。ある程度の知識を踏まえた上で考えさせたい。

ユダヤ人差別の実態を学習した生徒の多くは，当時の為政者や軍部のせいと感じるだろう。ヒトラーや親衛隊（SS）などがいかに残虐な行為を行ってきたのかを根拠に彼らの悪行を語るだろう。しかし，当時の風潮やホロコーストに対するユダヤ人以外の認識について深く追究することで，このユダヤ人大虐殺には多くの一般人が（積極性に差はあれど）かかわっており，当時の人々がただ，傍観していたことも事実であるとわかる。どれだけたくさんの人が，この大虐殺に無関心だったことだろう。

最後の発問に対して，生徒が当時の社会的価値に対して批判的に考察し，自分自身が社会に関して無関心ではならないと考えることができていればいいし，「自分自身ならこのように行動する」という段階まで書くことができていれば，将来を担っていく若者として期待できるのではないだろうか。

（木村　彩波）

実践のポイント

本実践の特徴は「『もし自分だったら』を考えさせる授業」にある。空間的・時間的に，自分とかけ離れた社会的事象について考えさせる。そのために必要となる教材と問いの工夫が，本実践では示されている。

（唐木　清志）

7 経済の視点を取り入れ政策評価する歴史的分野の授業づくり

1 子どもと社会をつなぐ授業をつくるポイント

01 「子どもと社会をつなぐ授業」とは

「子どもと社会をつなぐ授業」とは何か。単に，授業において現実の社会で起きている内容を扱うこと（学習内容のつながり）でもなければ，授業の最後にパフォーマンス課題を取り入れること（学習方法のつながり）でもない。先の2つは，学習内容・学習方法のみをつないだものに過ぎない。

学力像にもとづき，学習内容，学習方法を社会とつなぐことで，「子どもと社会をつなぐ授業」となる。本稿では，これら3つについて考察し，授業実践を提案する。

02 学力像

「オーセンティックな学び」の提唱者であるF.M.ニューマンは，次の3つを含んだ学力を形成することを重視する[*1]。知識を暗記するのでなく構築すること（知識の構築），学問をもとにした探究を行うこと（学問にもとづく探究），学校のテストを超えて現実社会で価値のある課題を扱うこと（学校を超えた価値）の3つである。学問的な内容・方法を取り入れた探究によって社会を理解し，かかわる見方・考え方を鍛える。そして，探究によって構築した知識を，現実社会で起こる課題の解決に活用する。このような力をつけることが，「子どもと社会をつなぐ授業」に求められる。この学力像をもとに，学習内容，学習方法を設計する。

2 「見方・考え方」を鍛える教材づくりの視点

01 学習内容

　「子どもと社会をつなぐ」学習内容とは何か。それは，現実社会で起こる課題を取り上げ，その理解や解決に必要な内容を取り入れることである。公民的分野においては，そのように学習内容を構成することが比較的容易であろう。

　では，歴史的分野ではどうだろうか。歴史を学ぶだけでは社会科ではない。歴史における時代固有性を担保しながら，時代を超えた一般共通性や，現代につながる課題を取り上げることで，学びが社会とつながる。また，歴史学習を歴史学の視点のみで行うのでなく，地理学の視点や経済学の視点など，複数の学問の視点を取り入れて実施する。そうすることで，多面的・多角的な理解につながる。より歴史の理解が深まり，現実の社会につながる学習となる。

02 学習方法

　「子どもと社会をつなぐ」学習方法とは何か。それは，学問にもとづく探究を行うこと，構築した知識を活用すること，現実社会で起こる課題を設定することである。歴史的分野においては，資料の読み取りを通して歴史を学習（因果関係や時代の特徴をとらえるなど）し，構築した知識を別の課題に応用し，現代社会で起こる課題へ応用することである。

　本稿では，江戸時代の幕政改革の単元を扱う。この時代は，幕府の財政再建が大きな課題であり，政策担当者がさまざまな改革を行っている。本単元では，5人の政策を取り上げ，政策を評価する学習を行う。政策の評価において，経済の視点を取り入れる。複数の視点にもとづいて政策を評価することは，現実社会の政府の政策を評価する場面や，選挙の投票時に各政党の政策を評価する場面につながる。

3 「主体的・対話的で深い学び」を実現する授業デザイン

　学力像，学習内容，学習方法を社会とつなぐデザインを示した。実際の授業では，子どもの学習意欲や多様性に配慮したデザインが求められる。

01 子どもと題材をつなげ，深める資料提示・発問の工夫

　歴史的資料やデータの読み取りを通して学びを深めていくが，資料提示や発問を工夫し，全員を学習に巻き込む。例えば，導入部では，クイズ形式を取り入れ，全員が参加できる活動を取り入れる。また，単に資料を提示するのでなく，関連性・意外性のある資料を用いて，子どもの思考を促す。

02 授業をユニット展開・パターン化し，学習の定着・深化を図る

　授業内で，複数の活動をユニット展開し，その流れをパターン化する。まず，クイズ形式で，学習に興味をもたせる。次に，資料を読み取り，当時の状況と政策を理解する。そして，他の人物の政策や意見と比較し，特徴をつかむ。最後に，政策を観点ごとに分類し，政策を評価する。ユニット展開・パターン化は，授業のユニバーサルデザインの一つである[*2]。全員が見通しを持ち，定着しやすく，一時間ごとに学習を深めることができる。

4 指導計画

第1時：生類憐みの令は悪法か―徳川綱吉の政策評価―

第2時：吉宗は名君か―徳川吉宗の政策評価―（本時）

第3時：吉宗か宗春か―徳川宗春の政策評価―

第4時：浮世絵からみる江戸時代の社会―田沼意次の政策評価―

第5時：飢饉は天災？人災？―松平定信の政策評価―

第6時：江戸時代政策評価―選挙ポスターをつくろう―

5 指導展開例（第2時）

主な学習活動　☆子どもの様子	○教師の支援　□評価の観点
1　吉宗クイズ ☆徳川吉宗に関するクイズに答え，その政策に興味をもつ。	○興味をひくクイズで，学習意欲を喚起する。
吉宗の政策を評価しよう。	
2　当時の社会状況の読み取り ☆人口・金産出量・耕地面積などの資料から，当時の社会状況を読み取る。 **3　徳川吉宗の政策「享保の改革」の理解と分類** ☆教科書と追加資料から，徳川吉宗の政策を読み取る。吉宗の政策を，①経済，②福祉，③その他に分類する。 **4　目安箱投稿文に賛成？　反対？** ☆目安箱への投稿内容（徳川吉宗の倹約政策を批判した内容）を読み取る。 ☆この意見に賛成するか，反対するか，立場を決め，理由を記述する。 **5　徳川吉宗の政策の観点別評価** ☆徳川吉宗の政策を，①経済，②福祉，③その他の観点ごとに1〜5点で評価し，その理由を記述する。 ☆グループで，自身と他者の評価内容を比較し，考えを深める。	○読み取りが難しい子どもを支援する。 □人口増加が止まり停滞し，金の産出量も激減，耕地面積の増加も止まり，景気が悪くなり，幕府も財政難に陥ったことを理解しているか。 □徳川吉宗の政策の特徴である「福祉重視・農業重視・倹約」を理解しているか。 ○グループで同じところ，違うところを意見交換し，考え深めるように促す。 □立場を決めて，資料を根拠に理由を記述できているか。 □徳川吉宗の政策を観点ごとに評価し，その理由を記述できているか。

6 授業で使える資料例

　本単元は，人物の政策を観点別に分類し，評価する学習を行う。その際に毎時間用いるシートが，資料1・資料2である。人物の政策を学習した後に，その政策がどの観点にかかわるものであるかを資料1で分類する。次に，資料2でそれぞれの観点に対する評価を，1～5点で評価する。子どもが受け取る通知表と同じように，人物の政策を評価するので，子どもは意欲的に取り組む。そして，採点の理由を記述する。この後，グループで評価の結果を議論したり，クラス全体の採点を集計して示したりすると，自身の評価への吟味にもなり，議論も白熱する。

観点	政策
①経済	
②福祉	
③その他	

資料1　政策の観点別分類シート

観点	採点	理由
①経済		
②福祉		
③その他		

資料2　観点別評価シート

　第6時で，資料3の政策評価シートを用いる。まず，シートを配付し，学習した5人の政策のPR文を作成する。次に，自身の推薦する人物を選び，その理由を200字で述べる。それぞれの主張をもとに議論を行い投票することもできる。最後に，クラスや学年で集計し，提示することで，クラスや学年全体の成果物を作成する。

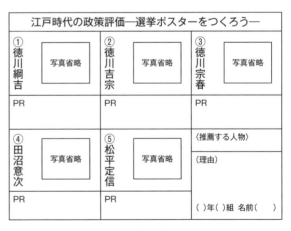

資料3　政策評価シート

7 「子どもの育ち」をとらえる評価の工夫

　学習の評価には，資料3の政策評価シートを用いる。5人の政策のPR文で，5人の政策の特徴を理解できているかを評価する。また，自身の選んだ人物の200字推薦文で，5人の政策を比較・評価させ，その理由を論理的に説明できているかを評価する。

　また，定期テストで，「吉宗と宗春，どちらの政策を評価するか。理由を含めて200字以内で記述しなさい」という課題を出し，評価する。評価基準（ルーブリック）の各満点項目は，下表の通りである。

必要語句を2語以上使用し，どちらの語句にもその語句の説明，もしくはその語句の意図・目的が述べられている。
選択しなかった方の政治を批判し，理由を述べている。
選択した理由を，当時の社会状況や因果関係から述べている。

　尚，本実践は，奈良県川西町三宅町式下中学校組合立式下中学校の玉木健悟氏に実践していただいた。

（梶谷　真弘）

実践のポイント

　本実践の特徴は「**政策を評価する学習**」にある。
　社会を変えるために必要な作業として，政策を分析し，立案し，評価することがある。歴史学習においても，それは十分に学習できることである。

（唐木　清志）

＊1　David Harris and Michael Yocum, *Powerful and Authentic Social Studies*, National Council for the Social Studies, 2000.
＊2　拙著『学級経営＆授業のユニバーサルデザインと合理的配慮』明治図書，2018

SDGsの視点と視座から社会問題を発見，分析し，自分とのかかわりから社会的実践につなぐ公民的分野の授業づくり

中学校第3学年　公民的分野
「コンビニでチョコレートを買うわたし」

1 子どもと社会をつなぐ授業をつくるポイント

　本実践では，児童労働などの社会問題を扱うにあたり次の2点を重視する。

　1つ目は，社会問題を，子ども自身が発見・分析できるように単元・授業を構成することである。本実践では，消費者としての「コンビニでチョコレートを買うわたし」を軸に，「つながりマップ」（後に詳述）を描くことから授業が始まる。この「つながりマップ」をもとに子ども自身と，かかわる人たちを取りまく社会問題を発見させる。教師から社会問題を提示するのではなく，子ども自らが社会問題を発見できるように仕組むのである。

　2つ目に，子どもが社会問題を発見するための「視点」と「視座」を意識することである。社会問題は，子どもにとって「問題」だと認識されてはじめて教材としての価値を有する。ただぼんやりと事象を眺めているだけでは問題意識は生まれない。そこで「視点」と「視座」である。「視点」とは，社会事象のどこを見るか，ということである。本実践では，2015年に国連で採択された「SDGs（持続可能な開発目標）」の17のゴール（目標）を，社会を分析する際の視点として用いる。「視座」とは，どこから見るか，つまり社会とかかわる際の子どもの立ち位置である。例えば政府の人間の立場にたって考えようなどの役割としての「立場」とは異なる。仮想の役割ではなく，社会において実際に子どもが立たされている状況や，考え方としての立場である。SDGsは，全世界の人々に地球市民の一員として17のゴールを示している。世界で起こるすべての問題と自分がかかわりをもっていること，その解決に向けてアクションを起こすべきことが要求されるのである。

2 「見方・考え方」を鍛える教材づくりの視点

01 他分野・他教科で継続的に学習者に蓄積されたSDGsの17の目標

　本実践は，「コンビニでチョコレートを買うわたし」がかかわる社会問題を発見・分析することを子どもに課す。このときに役立つのがSDGs（持続可能な開発目標）である。国連で採択されたこの目標は，政府のみならず，企業や民間人までもがその責任を担っている。17の目標には，「貧困をなくそう」「エネルギーをみんなにそしてクリーンに」「人や国の不平等をなくそう」「つくる責任つかう責任」などがある。例えば「貧困をなくそう」という目標は，貧困が世界のどこかに存在していることを意味し，「（この社会に）貧困はないだろうか」という社会を分析していくきっかけとしての視点となっていく。このようにSDGsの目標を，社会を分析していく際の視点として活用することで，子どもが社会問題を発見，分析できる素養が身につく。さらにSDGsを公民的分野だけではなく，地理的分野・歴史的分野で常に提示しており，本校では美術科で本実践前にSDGsの視点でデザイン・創意・工夫させる授業を行っている。理科でもSDGsのディベートを実施予定であり，分野や教科を超えて子どもにSDGsの視点を入れていく。この蓄積が「見方・考え方」のベースとなっていく。

02 社会を分析する目と，社会にかかわろうとする情意・態度

　SDGsの17の目標は，社会を分析する視点を提供してくれるだけではない。1人の地球市民として，民間人にもこの達成目標の達成者になることを推奨しており，「持続可能な社会を実現する1人」としての子どもの視座が強調される。SDGsの視点によって子どもは，常に社会問題と自分とのかかわりを問われる。そこに気づくことで具体的にどう解決していくのか，企業や政府などともかかわりながら，子ども自身の実践意欲もかきたてられよう。このように社会問題とかかわる一市民としての情意・態度面の育成も期待できる。

3 「主体的・対話的で深い学び」を実現する授業デザイン

01 授業のねらい

　本実践のねらいは，子ども自らがSDGsの視点で社会問題を発見すること，その社会問題の存在理由を分析・探究し，解決策として自分にできることを地球市民の視座から提案できることである。

　よって次のような視点で単元を組むことになる。第一に，消費者である子どもが「コンビニでチョコレートを買う」ことで，どんな人々とかかわりをもつのかを可視化すること。そして第二に，SDGsの17の目標の視点を用いて，子ども自らが社会問題を発見すること。第三に，社会問題を分析しその問題の存在理由を探究すること。最後に，そこから自分事として，どのようなアクションを起こすことができるのか，Myアクション宣言をたて，プレゼンするパフォーマンス課題に取り組むことである。

02 内容

　本実践は，5時間で構成される。第1時では，コンビニを取り上げ，「『コンビニでチョコレートを買うわたし』とかかわる人々はどんな人？」と問い，つながりマップを作成させる。個人→班→全体でつながりを検討し，クラスで1つの大きなマップが完成する。第2時では，SDGsの17の視点から3つ，自分の探究したい視点を選択し，そのレンズでつながりマップを分析する。すると，例えば「コートジボワールのカカオ農園に貧困格差はないかな？」など，「問題の種」を学習者は見出す。これはまだ仮説段階であり，この気づきについて調べ学習を通し，問題が存在するという事実を認識する。（問題発見）第3時では，自分が発見した問題について深く探究する。つまり，その問題はなぜ存在するのか。問題の構造分析をおこなう。第4，5時では，その問題に対して自分は何ができるのか，「Myアクション宣言」をたて，プレゼン発表する。

4 指導計画（全5時間）

主な学習活動　☆子どもの様子	○教師の支援　□評価の観点
第1時 「コンビニでチョコレートを買うわたし」の「つながりマップ」を作成しよう！ ☆私たちは，いろいろな人たちとつながっているんだね。	○つながりマップを広げていくために，さまざまな視点を用意する。「原料は？　コンビニまでどうやって運ばれる？」 □個人で作成したマップ，班，全体で広げて他者から学んだ視点などを評価。
第2時 「つながりマップ」を，SDGsの視点で分析して，「問題の種」を見つけよう！ ☆SDGsの視点から問題はないかな。（カカオ農園の児童労働やフードマイレージなど。班，全体で。）	○SDGsの視点を，問いに変換する。「貧困をなくそう」→「貧困はないだろうか」できるだけたくさん出させる。 □「問題の種」を多く出せているか。SDGsの視点から引き出しているか。調べ学習で問題の事実にいきついているか。
第3時 なぜ，そのような問題が存在するのだろうか??	○班やクラスで精選した社会問題に対して，教師は資料を準備する。
第4・5時 問題に対し，どのようなアクションを起こせる？　Myアクション宣言をたてよう!!	○□問題の解決に向けて，自らの行動計画である「Myアクション宣言」をたてさせる。行動計画の実行可能性，効果の検証をプレゼンさせる。

5 指導展開例

　第1時の具体例を示す。第1時では，コンビニを取り上げ，「『コンビニで
チョコレートを買うわたし』とかかわる人々はどんな人？」と問い，つなが
りマップを作成させる。つながりマップとは，例えば白紙の用紙の中央に
「コンビニでチョコレートを買うわたし」と書いて丸で囲み，そこから芋づ
る式に関係のある人々を書き込んでは線でつないでいく関係図マップである。
「販売」「流通」「生産」の概念をヒントに，「レジの人」「コンビニに商品を
運んでくる運送業者」「明治や森永などの企業」「原料のカカオ農園の人々」
などが挙がる。この「つながりマップ」を班で完成させたら，それぞれマッ
プに挙げた人々が，SDGs の視点から困っていないだろうか？　もしくは
問題が潜んでいないだろうかと投げかける。そして「おそらくこれが問題」
だと思う「問題の種」を見つける。本実践では，1人の子どもが，つながり
マップの「カカオ農家」に着目し，アフリカの国々が多いことから，「カカ
オ生産国（農家）に貧困はないだろうか」をテーマに掘り下げた。この探究
が「アフリカの児童労働」問題にいきついたのである。別の班は，「人や国
の不平等」の視点から，「不平等な貿易はないだろうか」をテーマにフェア
トレードの調べ学習をしていた。

6 授業で使える資料例

　本実践では，地理や歴史，他教科において SDGs の視点を学習者に積み
上げていた。だが，通常，単元の第一段階で SDGs についての学習が必要
であろう。以下，参考になるものを挙げておく。
・Think the Earth 編著『未来を変える目標 SDGs アイデアブック』紀伊
　國屋書店，2018
・朝日新聞『2030 SDGs で変える 2018.2〜2019.1 版』（非売品／2020年
6月まで無料配布）

7 「子どもの育ち」をとらえる評価の工夫

本実践において「子どもの育ち」をとらえるために以下2点を重視する。

1つ目は，子どもの社会問題に対する心理的距離である。実感を伴った「身近さ」「切実さ」を測るプレテスト，ポストテストを用意している（ポストテストは未実施。本実践を踏まえたいくつかの実践の後に実施予定）。事例を出しながら，「社会問題をどれだけ身近に感じるか」「自分にとってかかわりがあると思う人物をすべて選びなさい」などの設問で，身近さをとらえる。

2つ目は，総括的評価で見取る社会的実践力。これが「社会形成力」と言い換えられるかもしれない。認識した社会問題を，「My アクション宣言」にしてプレゼン発表する。例えば，本実践では，カカオ農家の貧困問題に対して，フェアトレードを追究した子どもが，「フェアトレードを広める広報活動をする！」「生産者の顔が見える消費を！」と掲げて行動計画を作成，プレゼンをすることが想定される。

子ども主体で進む分，不確定要素の多い実践である。それでも，学校教育全体において SDGs を扱い，その視点，視座で社会問題を発見・分析させることで，子どもと社会をつなぎ，社会参加に必要な態度，実践力を養える。

（佐伯　侑大）

実践のポイント

本実践の特徴は「SDGs を社会を分析する際の視点とすること」にある。

SDGs の17のゴールは，社会的な見方・考え方に相当するものである。「効率と公正」よりもわかりやすいので，社会を分析する際の視点として十分に活用することができる。活用の場面は，公民的分野に限らない。地理でも歴史でも，小学校でも可能である。　　（唐木　清志）

9 自らの主張を多面的・多角的に考察する公民的分野の授業づくり

1 子どもと社会をつなぐ授業をつくるポイント

　自らと社会とのかかわりを学習の中で見出せず，社会で起こっていることを他人事として学んでいる子どもは少なくない。医療保険や予防接種などをにおいて，現在の自分とのかかわりについては考えられても，将来の自分とのかかわりまで考えることは子どもにとって難しい。そのような子どもたちとともに授業をつくっていく際に，「現在の社会保障制度はどのような課題を抱えているのだろうか」「社会保障制度をどのように改善すればよいか」と問うても，議論は活性化せず，深い学びにはつながりにくい。社会で起こっていることを他人事としてではなく，いかに自分事としてとらえさせられるかどうかが授業づくりのポイントとなる。

　そこで，将来の自分の生活をシミュレーションし，社会保障について考える授業を提案する。中学校３年生は，自らの進路選択をする歳であり，将来どのような生活を送りたいのか，そのためにどのような職業に就きたいのかなど，キャリア学習を進めていることも多い。そのような学習ともかかわらせながら，一人ひとり「ライフプラン表」の作成を通して，自らの将来の生活のイメージを具体化し，可視化させる。そうすることで，子どもたちが社会の形成者の一人としての価値判断や意思決定について考えさせることができる。こうしたステップを踏まえた上で，社会保障の単元を通してせまりたい本質的な問いと向き合わせ，子どもに社会とのつながりを意識させながら学習させることが大切である。

01 「自分事」としてとらえさせるためのシミュレーション

社会保障の中でも年金保険制度や介護保険制度などは、中学生としての自分にとっては身近な問題とはいえないが、50年後に生きる自分にとっては生活にかかわる切実な問題である。社会の情勢もあり50年後の自分を想定するのは容易ではないが、この単元ではまず「年金保険制度や介護保険制度などがどのような役割を果たしているのか」を理解する必要がある。そのための教材として「ライフプラン表」を活用する。

「ライフプラン表」では、年収や生活にかかわる費用（食費、家賃、車、家の購入など）、結婚や子育てなどのライフイベントを含めてシミュレーションをする。シミュレーションを通してイメージを可視化することで、社会保障制度の役割について考えるとともに、一個人として「現在の社会保障制度を維持すべきか、改善すべきか」についての価値判断をすることができる。その際に、トゥールミン・モデルの形で「主張」「根拠」「理由づけ」を整理しておくことで、自らの主張を可視化しておくことが大切である。

02 「自分事」で終わらせない現代社会の見方・考え方

「自分事」として現代社会の課題をとらえ、意思決定をしていくだけでは深い学びとはいえず、独りよがりの学びとなってしまう。そうならないよう、自らの主張が「効率」や「公正」の観点からみて適切なものなのか、より正当性のある主張にするためにはどうすればよいのかについて考えさせる。そのためには、「現在の社会保障制度が少子高齢社会に耐えうるものなのか」「社会保障関係費の財源はどのように確保すればよいのか」など子どもたちの主張をゆさぶる発問も必要となる。そのように自らの主張をメタに見つめ直すことで、より説得力のある主張となり、深まりのある議論が可能となる。

3 「主体的・対話的で深い学び」を実現する授業デザイン

01 授業のねらい

　本単元のねらいとして，次の３点を取り上げる。

　まずは社会保障制度を自分事としてとらえ，現在を生きる自分としてだけでなく，これからを生きる自分としての立場から社会保障制度とはどのような制度か，これからどのような制度をつくっていくべきかについて意欲的に考えようとする態度を養うことにある。次に，社会保障制度が，全ての人々にとって健康で文化的な最低限度の生活を送れるような仕組みとなっていることを，さまざまな資料からとらえることである。最後に，単元を通して社会保障に対する自らの主張を吟味し，より精錬された主張を考えていくことである。また，その成果を踏まえて，少子高齢社会が進んでいくなど変化し続ける社会の中で社会保障制度にはどのような課題があり，どのような仕組みにしていくべきかについて多面的・多角的に考察することにある。

02 内容

　本単元では，日本の社会保障制度を現代社会の課題としてだけでなく，子どもたちが生きていく今後の社会の課題としてとらえ，よりよい社会保障制度を考えさせていくために，次のように構成した。

　まずは，自分の将来の生活と社会保障とのかかわりをとらえさせるために，給与，年金，家族構成，生活費，娯楽費などについてシミュレーションをする。次に，さまざまな状況でくらしている人々を支える仕組みとしての社会保障を多面的・多角的に考えるステップとして，さまざまな状況を子どもの実態に応じて設定し，医療保険や介護保険，遺族年金，雇用保険，教育扶助などについてのシミュレーションを活用する。最後に，持続可能な社会保障制度をどのようにつくっていけばよいのかについて考えさせる。

4　指導計画（全3時間）

主な学習活動　☆子どもの様子	○教師の支援　□評価の観点
第1時　人生100年時代！　自分の人生設計をシミュレーションしてみよう！	
1　ライフプラン表をつくろう。 ☆車や家をいつ，いくらで買おうか。 ☆生活費はどれくらい使えるのかな。 2　社会保障制度があれば，私たちのくらしは保障されているといえるか。	○子どもの作成したライフプランのちがいから，生活が一人ひとり異なることに気づかせる。 □自らの生活や人生と社会保障のかかわりについて考えようとしている。
第2時　○○になった時，私の生活はどうなるのだろうか？	
1　さまざまな出来事が起こった時に，どのような保障があるのかを調べる。 ☆病気で働けなくなると，給料がなくなり，医療費もかかってしまう。 ☆子どもの教育費がたくさんかかる。 2　なぜ社会保障制度が必要なのかについて考える。	○国民健康保険，雇用保険，介護保険，生活保護，教育扶助など，子どもや地域の実態に応じて具体的なシミュレーションを設定し，さまざまな立場から自らの主張を吟味させる。 □なぜ社会保障制度が整えられているのか多面的・多角的に考察している。
第3時　社会保障制度を維持するためにはどうすればよいのだろうか？	
1　社会保障制度にはどのような課題があるのかを考える。 ☆制度に頼りすぎてしまうと，国の財政が厳しくなってしまう，など。 2　社会保障制度を維持，発展させるためにはどうすればよいかを考える。	○「負担」「給付」などの経済的な側面だけでなく，社会として取り組めるものについても視野を広げさせる。 □自分事ではなく，社会全体の仕組みとしての社会保障制度としてとらえ，多面的・多角的に考察している。

5 　指導展開例

01 　展開「ライフプラン表をつくろう！」

　「○○の仕事はどれくらいの年収があるのか？」など，まずどれくらいの収入が得られるのか，平均給与などを調べる際に，給与明細書の例を提示する。月給30万だとしても，実際に生活で使える金額はそれよりも少なく，健康保険や年金などの社会保険料，所得税や住民税などの税金などを納めていることに気づかせることができる。年収の計算では，控除や社会保険料，税金を除いた計算をさせていく。生活費や教育費などはイメージしにくいので，3～5段階程度で選択肢を用意しておくとスムーズに進む。また，海外旅行や車の値段，家の値段などはインターネットを活用して調べさせて，一人ひとりのイメージするライフプランを考えさせていく。

02 　展開「○○になった時，私の生活はどうなるのだろうか？」

　「病気になったら」「会社が倒産してしまったら」「介護が必要になったら」など，自分のライフプランにはない出来事は実際にさまざまな形で起こる。それらをシミュレーションしてみると，「生活するお金が足りなく（厳しく）なってしまう」という反応がみられる。そういった場合は，どのような保障があるのかを調べてみると，「○○のおかげで生活できる」という反応へと変わっていく。こうしたやり取りを積み重ね，社会保障の役割に気づかせていく。

6 　授業で使える資料例

・厚生労働省のホームページに社会保障教育にかかわるワークシートやファクトシートが掲載されており，授業で使う資料の参考となる。
・金融広報中央委員会のサイト「知るぽると」では，「生活設計診断」などを通してシミュレーションができる。ライフプラン表の参考にもなる。

7 「子どもの育ち」をとらえる評価の工夫

　学習を通して社会的事象に対する関心・意欲をもち，自らがこれまで培ってきた知識や考え方など見つめ直すことで視野を拡げ，認識を深めようとする態度も評価の対象となる。その際にポートフォリオを活用し，子どもは毎時間のめあてや単元を通しての問いに対する回答を記録として残しておく。そうすることで，単元の導入から終末まで，どの程度問題に対して追究しようとしていたのか，考えを吟味したのかなど，学びの過程を見取ることができる。また，ルーブリックをあらかじめ作成し子どもに提示することで，子ども自身も学びの変容や深まり，課題を把握しながら学ぶことができる。

　本単元では，社会保障に対する自分の立場だけでなくさまざまな立場から考察する過程で効率と公正を踏まえ自分の考えを吟味するが，その学びの軌跡を可視化させることで，意識的に見方・考え方の育成につなげるのである。

（西口　卓磨）

実践のポイント

　本実践の特徴は「シミュレーション教材を活用すること」にある。

　ライフプラン表を作りながら，子どもは社会保障の観点から，自分と社会の将来について考える。20年後，40年後，自分はどのように生きているのか。その時に，社会保障制度は有効に機能しているのか。もし機能していないとすれば，どのような社会保障制度が必要とされるのか。

　社会保障制度に関する現実的な課題を取り上げるのもよいが，本実践のように，ライフプラン表というシミュレーション教材を活用するのも一つの手立てである。シミュレーション教材を用いた授業で，子どもはさまざまな情報を統合させ，選択・判断する。それは，社会参加に必須の手続きといえる。

（唐木　清志）

 あとがき　個性的な社会科授業を生み出すために

　本書に収められた合計17本の社会科授業実践は，一つとして同じもののなく，どれも個性的な実践です。そして，それらの実践は，これからの社会科授業を考えるのに最適な実践といえます。

　全ての論文に，私の方で【編者コメント】を付させていただきました。具体的には，その冒頭に各実践の特徴を端的にまとめる一節を記したわけですが，それを抜き出すと次のようになります。

・子どもの提案を現実のものとすること
・「見方・考え方」を活用した多面的な選択・判断
・未来志向で考えること
・授業づくりの前提になる学級づくり
・授業へのエンゲージメントを重視すること
・自らの学びを可視化して理解すること
・時代を超えて考えることを可能にする教材
・財政について考えさせていること
・多様な学習形態を取り入れた授業展開
・授業に単元を貫く問いを位置づけること
・子どもに身近な題材を教材化していること
・問いを連続させる歴史授業の構想
・社会に存在する葛藤問題の教材化
・「もし自分だったら」を考えさせる授業
・政策を評価する学習
・SDGs を社会を分析する際の視点とすること
・シミュレーション教材を活用すること